Ce livre est le produit d'une collaboration avec des collectionneurs qui m'ont ouvert leurs albums :

Monsieur Roger Alibert, collectionneur à Castelmayran,
Monsieur Laffargue à Éauze (†),
Monsieur Bèze à Lectoure (†),
Madame et Monsieur Michel Biard (†), antiquaires à Villefranche-de-Rouergue,
Madame et Monsieur Dejean du musée de Niaux,
Monsieur Chabas à Capbreton (†),
Monsieur Mizhari de Toulouse,
Madame Flamens à Castelsarrasin (†),
Monsieur Jacques Laduguie à L'Union,
sans oublier l'accueil chaleureux et souriant du personnel des bibliothèques et des archives de Montauban, Auch, Agen, Aurillac et Pau
et les conseils avisés de Laurence Saint-Hilary (cabinet À la virgule près).

On trouvera par ailleurs en fin d'ouvrage la liste des nombreux musées locaux ou régionaux qui m'ont ouvert leurs portes, prêté des documents ou donné de judicieuses informations.

Toutes les photographies contemporaines sont l'œuvre de Monsieur Vincent Briois.

Cet ouvrage peut ressembler à une sorte de « petit » dictionnaire des métiers disparus. Et pourtant, comment tout dire en quelques lignes, voire quelques pages sur un métier ? Comment ne pas prendre le risque d'en oublier de nombreux ? N'hésitez pas à me faire part de vos remarques, à me communiquer des copies d'illustrations, des renseignements que je ne connais pas encore. On peut rêver ; si cet ouvrage, comme l'ont été mes précédents, est réimprimé avec régularité, peut-être pourrons-nous ensemble le compléter pour en faire un authentique souvenir à la mémoire de nos pères.

Colorisation des images : Pascal Moulin
Ce livre a été imprimé par CPI Print (174199)
N° ISBN : 978-28177-1099-0 – N° éditeur : 01.02.01.24

RÉGIS GRANIER

LES MÉTIERS DISPARUS REPRENNENT DES COULEURS

MEUNIER, SABOTIER, LAVANDIÈRE ET AUTRE PETIT TROTTIN...

Éditions SUD OUEST

629. *Les bords du Cher. — Lavandières*

RENDONS HOMMAGE À NOS PRÉDÉCESSEURS

C'était le « bon vieux temps », entend-on encore parfois... Cela est-il bien juste ? Le pain de 1900 était-il plus blanc ? Mais oui, entendrez-vous répondre, il était du vrai bon pain, bien blanc. Les chaussures étaient-elles plus solides ? Naturellement, vous en doutez ? Enfin, puisqu'on vous le dit : tout était simple.

Simple ? Certainement, puisque après un siècle d'errances techniques, d'erreurs colossales concernant la nature définitivement polluée, nous revenons aux « choses » d'autrefois. Nos grands-pères ne nous avaient pas attendus pour en faire de vrais métiers, avec leurs tours de main, leurs usages, leurs règles et leurs secrets. La réparation de l'objet était une véritable industrie : rétameurs, aiguiseurs en savaient quelque chose, alors que le culte de l'objet « jetable » semble aujourd'hui avoir affaibli nos consciences.

Ne revient-on pas vers l'apprentissage que l'on considère comme un remède après en avoir dénoncé l'archaïsme ?

Après avoir élevé au rang de dogme la compétitivité, la rentabilité, le gain facile et rapide, nous voici retournant aux vieilles méthodes de nos pères. De nos pères ? Que dis-je ? De nos grands-pères, sous le prétexte incontournable que eux, ils savaient !

Mais bien sûr qu'ils savaient !

Et leur savoir était de la sagesse : ils n'avaient pas acquis leurs connaissances dans les manuels ou grâce aux médias, mais en regardant travailler leurs propres pères... Ils savaient par l'exemple ! Cette notion d'exemple où le maître montre à l'élève ce qu'il doit faire et comment y parvenir est aujourd'hui aux oubliettes.

Pourtant, les pères sont là pour montrer le chemin à leurs enfants. Pour leur apprendre l'essentiel : les choses de la vie, les gestes d'un métier. J'ai connu des maçons, gens modestes s'il en est, qui, pendant leurs journées de congés, emmenaient leurs enfants sur les chantiers, heureux et fiers de leur montrer leurs travaux, de faire partager la noblesse de leurs tâches.

Quel employé de bureau, aujourd'hui, soumis à la monotonie d'un écran d'ordinateur, peut avoir la même attitude avec ses enfants ? A-t-il la possibilité de transmettre son exemple et son savoir ? Quel exemple est cet ouvrier ligoté par des normes de rendement qui le dépassent mais lui imposent les mêmes gestes indéfiniment répétés ? Ne regrettent-ils pas tous deux la forge ou le moulin de leur village ? Y songent-ils parfois, et qu'en pensent-ils ?

Tourneurs de barreaux de chaises, cloutiers, imprimeurs, potiers, tonneliers, petits robinetaïres, bourreliers, charrons, laboureurs ou bûcherons, tous ces métiers ont en commun qu'ils unissent les hommes. Ils les unissent dans cette nécessité de mettre en commun pour survivre, vivre et progresser. Tous ces métiers ont également en commun de permettre à ceux qui les exercent « d'être ». Ils ne font pas un travail anonyme, ils exercent un métier.

Ils nous ont laissé un monde où chacun avait sa place. Un monde dont ils ne se savaient que locataires provisoires et qu'ils devaient rendre à leurs enfants un peu meilleur qu'ils l'avaient trouvé.

PAGE DE GAUCHE
[Lavandières]
Les lavandières en plein travail sur les bords du Cher.

APPAREILS DE CHAUFFAGE
61
CHAUFFAGE
à
EAU CHAUDE
et Vapeur
APPAREILS
SANITAIRES
SALLES
Maison DELAPEYRONNIE. 61, Rue Ste-Eulalie. — BORDEAUX

LES ARTISANS ET LEURS ÉCHOPPES

Artiste ou artisan ? Artiste du quotidien sûrement, lorsque ce menuisier ajoute une sculpture sur une tête de lit, lorsque le sabotier décore de quelques clous dorés des sabots qui iront « pour le dimanche ». Même le tourneur de robinets ou le cloutier produisent des objets où l'harmonie des formes semble le disputer à l'utilitaire.

N'est-il pas un artiste, ce jougtier qui a mis deux jours pour sculpter un joug destiné à une paire de bœufs que leur propriétaire veut vendre au marché ? Soucieux de rendre un travail parfait, il est venu sur place. D'abord pour mesurer exactement l'encolure des animaux, ensuite pour leur faire « essayer » le joug au fur et à mesure que sa confection avance, exactement comme vous allez chez le tailleur essayer votre costume sur mesure.

Ce maréchal-ferrant qui ferre un cheval, ne pourrait-il pas avec autant de soins exécuter un des objets que l'on garde dans une maison, car l'objet en question – parce qu'il a été exécuté avec soin – y met une note d'harmonie et de bien-être ? Mais si, bien sûr ! Et les habitants s'adressent à lui pour s'équiper en outils de travail, mais aussi en ustensiles de ménage.

Leurs mains et leurs efforts ne nous laissent que de modestes ouvrages : très souvent des outils ou de petits ustensiles, mais si proches de la perfection que l'on peut parler de chefs-d'œuvre. D'ailleurs, le chef-d'œuvre existe : il fait partie de la formation des compagnons. Il n'est donc pas seulement réservé à l'artiste.

Artisans et boutiquiers formaient au XIXe siècle et jusqu'à la guerre de 1914 un tiers environ de la population rurale. Les boutiques sont souvent très modestes, sinon pauvres. Paradoxalement, en face de cette pauvreté bien réelle, nous gardons le souvenir d'un âge d'or des petites boutiques et de leurs petits métiers qui nourrissaient chacun leur homme.

Longtemps encore, on s'adressera à l'artisan voisin, celui dont entend chaque jour le bruit du marteau ou du rabot, car on est sûr de son savoir-faire. On sait pouvoir lui faire confiance. On apprécie son art, en quelque sorte.

Le maréchal-ferrant

Justement, un qui fait quotidiennement entendre le bruit de son marteau, c'est bien le maréchal-ferrant.

Est-ce parce que les quatre éléments se rencontrent de manière parfaite dans la forge qu'elle exerce sur la population un tel attrait ? La forge est, en effet, un lieu privilégié de rencontres dans les villages. Pour ma part, je ne pense pas que le symbolisme des quatre éléments y soit pour quelque chose mais, plus simplement, la forge était… le seul endroit chauffé toute la journée ! Il est alors naturel qu'en hiver on prenne l'habitude de s'y retrouver pour y discuter au chaud, et que cette habitude perdure toute l'année.

De plus, le maréchal-ferrant a une pratique universelle : tout le monde – ou presque – vient recourir une fois au moins à ses services. Quand ce n'est pas pour ferrer un cheval, c'est pour réparer un outil qu'on le sollicite, ou encore, plus simplement, pour remettre en état un ustensile de cuisine. Le forgeron finit par connaître toutes les nouvelles de sa région et devient, en quelque sorte, la gazette de son village.

Comment s'étonner alors que les forges soient devenues des petits forums villageois où s'échangent nouvelles, informations et opinions sur les événements ? Au point qu'on les appelle les « lavoirs des hommes ». De la même manière, comment s'étonner qu'aux premières élections municipales, ce furent des maréchaux-ferrants qui se trouvèrent souvent élus maires de leur village ?

Dès le Moyen Âge, le maréchal-ferrant est reconnu comme appartenant à une communauté distincte. Il est « ferrant et opérant », on exige de lui un apprentissage de trois ans et les apprentis sont nombreux à faire ensuite leur « tour de France ». Dans les grandes villes, cette corporation se veut distincte des autres ouvriers du fer. Dans les campagnes, en revanche, le maréchal-ferrant est avant tout celui qui possède une forge. Son activité principale est le ferrage, mais il fabrique aussi les outils des autres artisans, il forge les instruments agricoles et s'occupe même des ustensiles de la maison : crémaillères, tisonniers, broches ou serrures, pour ne citer que ceux-là. Le tonnelier se ravitaillait à la forge en cerclages de fer, et, comme lui, de nombreux artisans étaient les obligés du forgeron.

Dans certains cimetières ruraux, vous pouvez encore voir des pierres tombales ornées d'une superbe croix en fer forgé. Regardez bien si cette croix n'est pas ornée d'un fer à cheval, d'une paire de pinces ou d'un marteau. Vous risquez de voir là le dernier chef-d'œuvre du maréchal-ferrant qui occupe le tombeau.

Tellement indispensable, le maréchal-ferrant, qu'il bénéficie d'un privilège étonnant : celui de travailler la nuit ! En effet, si la forge est un lieu de rassemblement et de discussions, on n'y chôme pourtant pas : un bon ouvrier ne doit-il pas être capable de forger soixante fers par jour ? Au début du XXe siècle, on travaille dans les forges de 5 heures du matin à 8 heures du soir et on a confiance dans l'avenir de la profession, car la France, pays essentiellement rural, possède un parc de labour très important. Pourtant, après la Seconde Guerre mondiale, les maréchaux-ferrants durent se reconvertir en mécaniciens ou éteindre leurs feux.

Ce qui frappe le plus dans l'atelier du maréchal-ferrant, c'est l'odeur. Une odeur très particulière où se mêlent celles du feu, du fer, de la graisse, de la corne brûlée et des animaux que l'on mène ici pour être ferrés. Dans le foyer brûle un feu toujours prêt à se réveiller pour asservir le fer. Au-dessus du foyer la hotte et, près d'elle, le soufflet que l'apprenti actionne pour envoyer l'air. Après le feu, l'eau, dans son bac de pierre, attend qu'on y plonge le fer rouge pour le refroidir.

La pose d'un fer demande attention et délicatesse. Ou plutôt précision, car il ne s'agit pas que de protéger le sabot : un cheval bien ferré décuple sa force motrice en adhérant convenablement au sol. Le maréchal saisit et maintient entre ses jambes une patte de l'animal. À l'aide du rogne-pied, il nettoie et égalise le sabot en taillant de légers copeaux dans la corne. Le fer porté au rouge est ensuite posé, faisant s'élever une fumée âcre. Huit clous viennent le fixer.

La pose des quatre fers va exiger une heure de travail, pendant laquelle le maréchal n'aura cessé de parler à son patient pour le rassurer. Car le maréchal-ferrant connaît les chevaux : jusqu'en 1825 (date à laquelle on ouvrit la première école

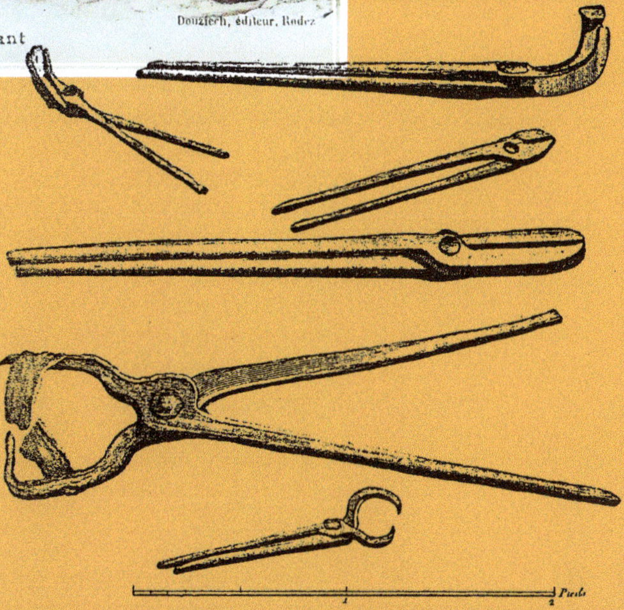

[Maréchal-ferrant]

Ferrage d'une vache. La pose des quatre fers va exiger une heure de travail. Les chevaux ne sont pas les seuls à fréquenter la maréchalerie : on ferre aussi les mulets, les ânes et certains bovins.

Ferrage d'un cheval. Un cheval bien ferré décuple sa force motrice en adhérant mieux au sol.

*> Les outils du maréchal-ferrand, planche de l'***Encyclopédie** *de Diderot*

vétérinaire), le maréchal remplaçait – ou plutôt précédait – le vétérinaire.

Un bon maréchal-ferrant n'utilisait que des fers qu'il avait lui-même forgés. Parfois, pour épater ses visiteurs et montrer son habileté, il pouvait s'amuser à forger un fer en gardant coincée sous le bras une assiette.

Le taillandier

Il fabriquait les outils de façon artisanale. Et pas n'importe quels outils : « les outils à taillant » !

Serpette, serfouettes, binettes, pioches ou cochoirs de vigneron, plane tranchante ou encore doloire de tonnelier.

Le bois est choisi avec soin selon l'utilisateur de l'outil : arboriculteur, vigneron, jardinier, agriculteur ou pépiniériste. Il y a « les outils à pousser » à manche droit et les « outils à tirer » à manches cintrés. Un bon taillandier fabrique lui-même ses manches. Pour les manches cintrés, il choisit le châtaigner qu'il se fait livrer encore vert puis qu'il cintre lui-même à chaud.

Le sellier et le bourrelier

Le travail du sellier et celui du bourrelier sont très proches. Le bourrelier fabrique les harnais des bêtes de somme : bâts, colliers, brides et autres attelages de charrettes ou charrues. Le sellier a le monopole du harnachement de luxe.

La matière première du bourrelier est le cuir : mouton blanc ou avec toison, cochon tanné, veau, sanglier en poil, blaireau, etc. Ces cuirs sont préparés de plusieurs manières selon l'usage auquel on les destine : au suif, au plein suif, hongroyé (le cuir devient alors le « cuir de Hongrie »), étiré, à l'huile… Les peaux arrivent entières à l'atelier ; une fois découpées, elles sont cousues à l'aide de fil poissé.

Le bois de hêtre ou de frêne est utilisé pour confectionner les formes des colliers et des selles.

L'accroissement des transports a stimulé le développement de la profession : les harnachements se sont allégés (c'est une bonne chose, certains colliers pouvaient peser 40 kg et provoquer chez les chevaux la maladie du garrot, inguérissable) et les bourreliers ont introduit dans leurs ateliers quelques machines, dont la machine à coudre.

Ce progrès, qui entre modestement dans les échoppes artisanales, n'empêche pas le métier d'être réputé difficile,

Malgré la belle santé que ce travail exigeait, on n'a jamais entendu dire qu'un cloutier y ait fait vraiment fortune.

[Cloutier] *L'atelier du cloutier. Le cloutier travaillait sur un « placo », petite enclume spéciale à son métier. À côté de lui, une forge où plusieurs baguettes de métal sont chauffées à blanc.*

surtout dans l'industrie du luxe : quatre années d'apprentissage sont nécessaires pour être considéré ouvrier. En corollaire, c'est un métier qui paye bien : un bon coupeur est un ouvrier recherché et peut gagner à la fin du XIXe siècle 10 ou 12 francs par jour.

Les spécialités sont nombreuses : le sellier-harnacheur ne fabrique que les harnais de luxe, le sellier-bourrelier, nous l'avons déjà dit, se réserve les bêtes de somme. Le sellier-garnisseur fournit surtout les carrossiers. L'éperonnier fabrique – comme son nom l'indique – les éperons, mais aussi les mors et les étriers, l'arçonnier monte la carcasse en bois des selles.

Le cloutier

La maison du cloutier est toujours bruyante : on y entend crier des chiens et battre le marteau. Le cloutier, pour entretenir le feu de sa forge sans interruption, fait fonctionner un petit soufflet grâce à un système ingénieux : une grande roue que fait tourner un chien courant à l'intérieur. L'axe de la roue est relié au soufflet qui souffle ainsi sans interruption pour attiser le feu où rougissent les tiges de métal que travaille le cloutier. Bien sûr, le chien se fatigue, aussi son maître prend-il soin de faire travailler à tour de rôle plusieurs animaux.

Il existe autant de clous que de professions : pour le bâtiment, à bateau, à pontons, mariniers, à latter et à plafonner, à chevrons, d'ardoisier, à

[Sellier]
Selliers du 6e Régiment de Chasseur, guerre 1914-1918.

[Maréchal et charron]

pentures, broches à parquets, les indispensables clous d'épingle ou clous de Paris, clous de tapissiers, clous à cheval... Pour les semelles des gros souliers, le cordonnier utilise des « caboches » et le sabotier munit les sabots des montagnards de « tachos » pour éviter au bois de s'user trop vite.

Au début du XXe siècle, les clous sont en cuivre, en zinc ou en fer. Les clous en fer se forgent à partir de tiges de fer de bonne qualité. Il faut façonner la pointe, étirer la tige et la placer dans une cloutière qui lui donnera sa forme définitive. Tout cela à l'unité.

Un bon ouvrier façonne de dix à vingt clous par minute selon le modèle.

Les clous octogonaux, à ferrer les chevaux, exigeaient vingt coups de marteau pour leur confection. Vingt ! L'artisan cloutier (souvent un forgeron qui avait suffisamment de clientèle pour trouver un débouché à sa production de clous) payait son ouvrier entre 5 et 10 francs le mille suivant sa générosité. Vous pouvez calculer le nombre de coups de marteau pour un salaire de quelques francs par jour.

Chacun son tour, chaque ouvrier est responsable de la forge : il faut vider le mâchefer, nettoyer le soufflet, nourrir les chiens. C'est donc une demi-journée de rendement en moins. Or les journées, quoique longues, sont bien mal payées. En commençant dès 6 heures du matin et en terminant à 19 heures, un bon ouvrier cloutier ne pouvait espérer gagner (en 1880) qu'environ 2 à 2,50 francs par jour.

Dans les années 1890, les machines commencèrent à remplacer les hommes pour un coût bien moindre. De nombreux cloutiers comme Jules, ouvrier cloutier à Saint-Antonin (Tarn-et-Garonne), durent se reconvertir à ce moment-là, et ce ne fut pas chose facile :

« Le travail, de nouveau, se trouve ralenti. Le patron ne peut occuper ses ouvriers que cinq jours par semaine : les clous ne se vendent plus, ils sont trop chers. Renvoyant des ouvriers, c'est par le dernier rentré qu'il commence...

Le malheur revient chez Jules... Comme il n'était pas maladroit, ayant travaillé au montage des galoches à Brive, un marchand de galoches et de sabots lui donna du travail. Il gagnait davantage qu'à faire des clous. Il fallut refaire l'apprentissage, car le mauvais travail est toujours pour les derniers rentrés dans la maison... »

(Extrait des mémoires de Jean Manié, le « récupéré », cité par Claude Harmelle et Gabrielle Élias dans *Les Piqués de l'aigle*.)

Le charron

Voilà bien un artisan lié au monde rural d'autrefois qui a complètement disparu. Un charron fabrique, répare ou resserre les charrettes.

Pour cela, il n'utilise pas n'importe quel bois : ses préférés sont l'orme et l'érable. Il utilise aussi les chaînes pour fabriquer les timons et les rayons des roues des charrettes. L'acacia est utilisé pour les roues des charrettes.

C'est le charron qui va choisir les arbres coupés dont il utilisera le bois. Est-ce une coutume ou une nécessité technique ? Les arbres devaient toujours être coupés pendant la « lune vieille ». Le bois abattu restait sur le terrain pendant un an puis, débité et stocké, il passait encore trois ans dans le hangar du charron.

[Charron] *Un charron fabrique, répare ou resserre les charrettes.*

Le patrenotier

Ah, oui ! C'est une figure, ce brave homme fabricant de chapelets.

On en fabrique sûrement encore de nos jours, car le chapelet guide le fidèle pour qu'il ne s'égare pas dans ses litanies, surtout s'il les veut interminables. Dans toutes les religions du monde et depuis des milliers d'années.

Ce serait un certain Bede, moine de son état, peut-être anglais, qui aurait lancé la mode, et surtout l'usage, du chapelet chrétien que l'on utilise toujours : des séries de dix perles, séparées par une perle plus grosse. À chaque grain d'une certaine grosseur correspond une prière. Tous les enfants du XIXe siècle connaissaient l'Ave et le Pater Noster. Appelé Paternoster, puis patenôtre, le chapelet induisit le nom de son fabricant : « le patrenotier »…

La corporation était si florissante qu'elle dut s'organiser en trois corporations : les patrenotiers d'or et d'argent, les patrenotiers de corail et enfin, ceux d'ambre et de jais.

Pouvait-on faire fortune avec des chapelets ? Peut-être si l'on se rappelle qu'à une certaine époque, pas si lointaine (en 1880) , une ville comme Saumur, centre de fabrication de chapelets, en fabriquait trois millions de chapelets par an !

[Patenotrier] *Il faut croire que ce métier permet de vivre longtemps !*

[Le travail de la tonnellerie]

1. Le montage de la pièce : le tonnelier assemble les vingt-huit douelles en chêne. Le séchage dure environ 18 mois.

2. La chauffe dure 3/4 d'heure ; elle est suivie du cintrage.

3. La mise en place des fûts. Ce travail délicat consiste à adjoindre le galbe à l'étanchéité. La finition se fait par calage à l'aide d'un roseau. (Doc. Claude Fagé)

Le tonnelier

Les tonneaux varient en forme et en hauteur suivant les régions. À Gaillac, on appréciait autrefois une forme presque cylindrique, alors que les autres régions aimaient bien les modèles bombés, parfois ovales comme en Languedoc. Les contenances varient aussi : voici la barrique bordelaise de 220 litres, le cisain de Narbonne qui en fait juste la moitié et le quart de 55 litres. Le particulier, qui apportera sa consommation de la semaine, choisira un tonnelet de 5 litres que l'on retrouve aujourd'hui dans les supermarchés sous la désignation américaine de « container ».

Dans la pratique de la tonnellerie, il y eut plusieurs professions :

– le mérandier taillait des merrains, autrement dit des planches, en chêne ou en châtaignier ;

– le cerclier fabriquait, comme on peut s'en douter, les cercles. Avant d'être en fer, ils étaient confectionnés à partir de perches souples de châtaigniers préalablement refendues ;

– le tonnelier lui-même montait les barriques et les cerclait ;

– le sémalier s'occupait des comportes (récipients en bois servant à emporter la vendange hors de la vigne) ;

– le barralier était le plus modeste puisqu'il en restait aux tonnelets de 2 à 5 litres ;

– enfin, le robinetaïre fabriquait les robinets.

Les tonneliers n'ont pas disparu. Quelques-uns exercent encore, car on n'a rien trouvé de mieux qu'un tonneau ou une barrique pour conserver le vin. Aussi ne s'attardera-t-on pas sur ce sympathique métier, sauf pour parler de deux professions sans lesquelles le tonnelier n'est plus rien : le bouchonnier et le tourneur de robinet. Peut-on concevoir un tonneau sans son robinet ?

[Tonnelier]

Les fûts de vin dans le port de Bordeaux. Le tonnelier était souvent tributaire des récoltes. Si les vendanges s'annonçaient abondantes, il fabriquait des tonneaux, sinon… Le phylloxéra en obligea plus d'un à se reconvertir.

Le bouchonnier

La matière première est l'écorce du chêne-liège, découpée tous les quinze ans sur l'arbre avec une hachette. L'arracheur de liège, appelé « liégeur », travaille dans la forêt, mais en groupe : l'arrachage du liège est une opération délicate qui ne peut être réalisée qu'à plusieurs.

Les plaques de liège sont ensuite assouplies dans des bains d'huile bouillante, puis travaillées manuellement à l'aide de couteaux spéciaux.

Mézin, dans le Lot-et-Garonne, Castets, Soustons et Léon dans les Landes sont des zones de ramassage : il est logique que l'on y trouve aussi les bouchonniers. La fabrication des bouchons resta longtemps une affaire familiale et cet artisanat fut protégé par la dispersion des sites de ramassage. Enfin, après la Grande Guerre, répondant à la vague d'industrialisation, de grands centres de production furent créés. À Mézin, par exemple, trente-cinq entreprises employaient 17 000 ouvriers qui produisaient des bouchons de toutes les formes, depuis les topettes (fioles longues et étroites pour la pharmacie) jusqu'aux bouchons de champagne.

Jusqu'en 1870 environ, toutes les opérations sont réalisées manuellement : taille, érodage, calibrage, triage. Les bouchons sont ensuite désinfectés par trempage, puis emballés avant leur livraison. Les premières machines à rabot multiplient par cinq la production horaire en diminuant les manutentions.

Ensuite, l'arrivée de la machine à vapeur, puis de l'électricité, fait disparaître toutes les opérations manuelles au profit de la mécanique.

[Bouchonnier]
Fabrique de bouchons à Mézin (Lot-et-Garonne).

[Robinets]
Les tourneurs de robinets de Saint-Cirq-Lapopie (Lot). Sous le ciseau du tourneur, les bois les plus résistants s'ornent de filets, gorges, cannelures…

Le tourneur de robinets

un compagnon du tonnelier

L'art de tourner se perd dans la nuit des temps. Ne dit-on pas que nombre de grands personnages, depuis Alexandre le Grand jusqu'à Louis XIII, s'y intéressèrent au point d'y exceller ?

Dès le Moyen Âge, les tourneurs de robinets et de barreaux de chaises se regroupèrent en communautés sous le titre de « maîtres tourneurs et rempailleurs de chaises ».

Rappelons, car ce n'est pas forcément évident, que le tour permet de donner une forme cylindrique aux corps de diverses natures : bois, métaux… Les robinets de barrique sont donc tournés. Fixée entre deux pointes, la forme en bois est entraînée dans un mouvement de rotation pendant que l'ouvrier tourneur déplace son outil, le « crochet ». Il peut tourner à son aise les formes qui lui conviennent : cylindres nets ou bombés, ovales, etc.

Le tourneur de barreaux de chaises

Dans son grand atelier, le tour de précision du tourneur de barreaux de chaises occupe bien peu de place. Certains le comparent même à une horloge, à cause de sa taille et de sa précision. Afin de respecter l'uniformité de l'usinage, le tourneur ne manie pas lui-même son ciseau. Celui-ci est fixé sur un chariot qui assure une répétition des opérations de taille quasi mathématique.

Le chaisier

L'atelier du chaisier sent le bois et l'on pourrait presque se croire dans une menuiserie. Mais ne prononcez jamais ce mot-là dans une « chaiserie ». Car, dans la fabrication d'une chaise, aucun ajustement n'est d'équerre.

Les dix-huit pièces qui composent généralement une chaise sont percées en biais : les pieds avant et arrière, les dossiers, les barrettes et les bâtons sont tous en fausse équerre. Toutes ces pièces sont façonnées, dans un premier temps, en série. Puis le chaisier va les assembler au maillet en tenons et mortaises sur la « selle » qui n'est rien d'autre qu'un banal établi bas et épais.

La pailleuse

Derrière le chaisier arrive la pailleuse. Il s'agissait souvent de l'épouse du chaisier, ce qui permettait au travail de rester dans la famille. La paille est ramassée par toute la famille. C'est la pailleuse qui va ouvrir les tiges de seigle, les enrubanner et les serrer autour du châssis. La chaise pivote selon l'avancée du travail, il faudra trois heures pour réaliser un paillage de tradition.

Il ne reste plus au chaisier qu'à teindre et vernir ses chaises avec une éponge. Il faudra en effet des années pour que l'on pense à plonger les chaises dans un bac de teinture.

[Tourneur]
Une fabrique de barreaux de chaises. Au fond de l'atelier, les piles de barreaux usinés sont impressionnantes.

Le rempailleur de chaises

En voilà un autre qui se déplace chez les particuliers ou travaille en plein air sur les places de marché. Point besoin de gros matériel : un banc avec une griffe fixe et une autre réglable pour maintenir la pièce à travailler, une plane, un vilebrequin et quelques mèches… Il ne s'agit pas d'un gros investissement.

À la demande, il peut fabriquer vos propres chaises : des chaises commandées tôt au matin vous seront livrées le soir même.

Au rempailleur/fabricant de chaises faut-il ajouter cet étonnant fabricant de seaux en bois ? Il fabriquait des seaux circulaires en bois mais surtout les baquets servant d'abreuvoir et les baquets où secouer les lessives. Mettons également à leur actif les barattes à beurre.

[Rempailleur de chaises]
On doit ce rempailleur de chaises au célèbre dessinateur et caricaturiste Louis Bourgeois, alias Borgex (1873-1959).

[Fabricantes de paillons]
Le travail de la paille a toujours été extrêmement varié. Ici, fabricantes de paillons. Les paillons servaient à entourer les bouteilles pour les protéger lors des transports.

Le fabricant de paillons

Ce sont de tout petits métiers que nous rencontrons maintenant, des métiers « d'appoint » comme nous dirions aujourd'hui. Et pourtant bien utiles : les paillons servaient à protéger les bouteilles des chocs durant leur transport.

Le travail de la paille a été de tout temps extrêmement varié. La paille est universelle et se travaille facilement. On fabriqua par exemple des « nattes de fenêtres », proches du paillasson, suffisamment larges et épaisses pour isoler les appartements de l'ardeur du soleil. La paille brute ou tressée était utilisée pour protéger les objets fragiles lors des transports, y compris les objets les plus gros ou les plus solides comme les blocs de pierre.

Toujours dans le souci de protéger, on abritait les plantes sous une sorte de couverture de paille de seigle réalisée en serrant les unes contre les autres, à l'aide de ficelle, des poignées de paille.

Le fabricant de chalumeaux

Il ne faut pas croire que la fabrication de chalumeaux – ces petits tuyaux de paille utilisés pour le service des boissons fraîches – soit anecdotique. Cette activité a fait vivre des régions entières dans les Pyrénées et l'Aveyron pendant plusieurs générations.

Dans de nombreux endroits, la culture du chanvre représenta un débouché important jusque dans les années 1880-1890. La toile de chanvre, trop rêche en comparaison d'autres tissus plus agréables, fut alors abandonnée. On se préoccupa donc de trouver une nouvelle culture assurant un minimum de débouchés. Ce fut le seigle.

Le seigle est récolté au mois de mai, avant que les tiges ne portent leurs graines. Les tiges, dressées en gerbes, séchaient durant trois semaines avant de gagner l'atelier où elles étaient coupées à la longueur de vingt centimètres.

Soigneusement conditionnées, les tiges jaunes furent utilisées pour fabriquer des chalumeaux et des paillons de chaises. À noter que l'industrie du chapeau, à Caussade, en consomma beaucoup pour réaliser ses chapeaux de paille, au premier chef desquels le canotier.

La coupe et le tri de chalumeaux se faisaient le plus souvent à domicile, le conditionnement dans des fabriques d'où les chalumeaux étaient expédiés dans le monde entier, en particulier dans tous les pays méditerranéens.

Le cordier

La prospérité du cordier est souvent liée aux chènevières entretenues par les paysans. Tout le monde cultivait peu ou prou le chanvre. Une partie de la production, après un traitement approprié, était filée sur le rouet familial et allait au tisserand local, l'autre partie était destinée au cordier.

Le cordier procédait à trois opérations successives : le peignage des fibres, le filage et le câblage.

Les dents du peigne mesuraient une dizaine de centimètres et le peignage aurait été une besogne facile, si ce n'était qu'il fallait l'exécuter à l'extérieur compte tenu de la poussière dégagée.

La filasse obtenue était ensuite filée, exactement comme sur le rouet familial, sauf que le travail était un peu plus rapide et un peu plus grossier. En général, le cordier se chargeait d'un gros sac de filasse qu'il portait sur le ventre et il étirait son fil en marchant à reculons.

Suivant la destination de la corde, douze à vingt portées de fil, tendues et maintenues écartées par les dents d'un râteau, étaient ensuite vrillées pour se réunir en une torsade régulière. On ne s'étonnera pas de savoir que ce métier exigeait trois années d'apprentissage.

Les cordes les plus fréquemment utilisées étaient les « chapelières » employées pour l'emballage. Deux ou trois fils suffisaient à leur fabrication, mais il fallait les polir à l'eau. Cela explique peut-être l'installation de notre cordier (ci-contre) au bord du Lot – à moins qu'il n'y ait que sur les berges de la rivière qu'il trouve suffisamment de place pour son activité.

[Fabricants de chalumeaux]
En paille, donc fragiles, ces ustensiles rustiques et bon marché exigeaient cependant un certain savoir-faire.

[Cordier]
Un cordier travaillant sur les bords du Lot, à Cahors. Les cordes étaient polies en les frottant à la pierre, puis ébarbées en les engluant de colle. Une longe lustrée était signe de coquetterie lorsqu'un agriculteur amenait une bête au marché.

Le cordier, comme tout bon artisan, possède un vocabulaire adapté à chaque catégorie de corde qu'il fabrique. Le brin simple s'appelle « fil de caret » s'il est utilisé pour les gros cordages. Il devient « duite » lorsqu'il finit en ficelle. Plusieurs duites forment un « toron ». La torsion de plusieurs torons avec, au milieu, une « âme » ou une « mèche » donnent des cordages.

[Potier]
Une fabrique de pots à résine dans les Landes.

Le potier

Les poteries sont parmi les plus anciennes productions de l'artisanat. L'archéologie retrouve parfois des vestiges de ces travaux qui nous éclairent sur le mode de vie de nos anciens.

Des villages entiers de potiers se sont installés là où la terre était facile à extraire et aux endroits où les forêts permettaient l'alimentation des fours.

Le potier commence par éliminer de la terre ses impuretés, puis il la malaxe en l'aspergeant abondamment. Une terre affinée donnera de belles poteries.

Il monte ensuite sa pièce, le plus souvent en la tournant. Mais il peut aussi bien la modeler ou la mouler. La cuisson est une opération délicate qui va le tenir éveillé plusieurs nuits et jours de suite. Les premiers jours sont des journées de « petit feu » qui permettent d'ôter l'humidité de la terre. Le « grand feu » durcit et lie définitivement la terre. Le four éteint restera fermé au moins 48 heures : un refroidissement progressif évitera les brisures provoquées par un changement de température trop rapide.

La poterie a permis à des artisans de connaître de belles fortunes au XIXe siècle, les chemins de fer favorisant l'écoulement des marchandises.

Quelle variété, depuis les assiettes et les bols gravés parfois au nom du ménage, jusqu'à l'épi de faîtage réalisé sur le dessin du client ! Il existait aussi des plats, des pots, des pichets, des bouteilles pour chaque instant et chaque usage.

Le briquetier

De nombreuses villes du Sud-Ouest et du Nord sont construites en briques. Il est utile d'évoquer une longue expérience dans ce domaine : des fouilles archéologiques ont permis de montrer que l'homme a depuis longtemps utilisé l'argile crue ou cuite pour fabriquer sa maison. L'époque gallo-romaine est riche en vestiges de briques pleines, ou « foraines ». Aujourd'hui, on utilise des briques creuses, mais la technique de fabrication n'a sensiblement pas varié.

Les tuileries sont installées à proximité d'une carrière d'argile. La terre est extraite de la carrière

[Briquetier]
À la briqueterie de Castelsarrasin, dans le Tarn-et-Garonne, c'est le petit âne qui piétine la terre avant qu'elle ne soit moulée et mise à sécher pendant quelques jours sous un modeste abri de tôles, pour passer ensuite au four.

en hiver. Au printemps, elle est étalée et concassée en petites mottes.

Entre mars et octobre, on fait tremper la terre dans une « bardière », c'est-à-dire une fosse pleine d'eau, pendant une nuit. Puis le « bardissier » va la piétiner durant plusieurs heures. La boue obtenue, appelée « bard », est ensuite moulée dans des matrices de bois.

Les briques sont ensuite stockées sous la halle, qui n'est rien d'autre qu'un vaste hangar bien aéré où la brique moulée peut commencer à sécher pendant trois jours.

Lorsqu'on a moulé et séché la quantité de briques nécessaire pour remplir le four (c'est-à-dire entre 6 000 et 20 000), on peut commencer l'opération la plus délicate : la cuisson.

Le tuilier ne prend aucun repos pendant les cinq jours et les quatre nuits que dure la cuisson. Pas question, en effet, de prendre le risque de laisser éteindre le four, ou seulement baisser l'intensité de la chaleur nécessaire.

Les deux premiers jours de la cuisson sont des jours de « petit feu ». On finit le séchage des briques. Opération que l'on peut suivre en surveillant la cheminée : la fumée blanche qui s'échappe marque l'évaporation. Lorsque cette fumée cesse de sortir, les briques sont correctement séchées et l'on peut passer à la deuxième opération : le « grand feu ». Trois jours plus tard, des flammes vont apparaître en haut de la cheminée : la cuisson est terminée ! Le tuilier colmate complètement les bouches d'alimentation et la cheminée. Il peut aller enfin dormir un peu : le refroidissement va durer cinq jours. Et il ne sera pas complet, car les briques sont défournées encore chaudes.

Ces cinq jours de cuisson ne sont pas fatigants que pour le tuilier ; tout le voisinage suit les opérations à la couleur de la fumée ou la présence des flammes. Beaucoup de voisins craignent pour la sécurité de leur maison. Leurs craintes ont quelques fondements : il y a eu plusieurs incendies graves causés par les escarbilles échappées des briqueteries. Si graves que le législateur interdit d'allumer les fours au moment des moissons et de la floraison des arbres fruitiers.

Le terme de tuilerie sera remplacé par celui de briqueterie au milieu du XIXe siècle. Pourtant, ces entreprises – pour la plupart artisanales jusqu'au début du XXe siècle – ne fabriquaient pas obligatoirement tuiles et briques de manière indistincte.

Après la guerre de 1939-45, on comptait encore vingt-huit artisans qui vivaient de la fabrication du balai en sorgho à Grisolles, dans le Tarn-et-Garonne. Une page de l'histoire locale de la ville se tourna lorsque le dernier fabricant ferma son atelier. Un atelier de fabrication de balais a été reconstitué au musée T.-H. Calbet, à Grisolles.
(photos musée de Grisolles).

La fabrication des tuiles nécessitait une terre plus fine que les briques et, ainsi, certains fours approvisionnés en terre pauvre ne faisaient cuire que des briques ou même que des « carreaux » pour couvrir les sols.

Aux environs de 1870, comme dans d'autres domaines, l'industrialisation offrit une vaste gamme de matériels aux tuiliers : broyeurs, concasseurs, mouleuses, etc. Les petits artisans (dont certains ne faisaient que quelques cuissons par an) ne purent pas suivre le mouvement et les briqueteries se regroupèrent en ateliers qui chauffaient « en continu », c'est-à-dire qui enchaînaient les cuissons. À la place du bois, on utilisa la houille. Cela ne se fit pas sans mal, car les voisins, qui craignaient déjà les risques d'incendie, se plaignirent aussi de la fumée qu'ils jugeaient trop sale.

Le fabricant de balais

Les balais se fabriquent de manière différente selon les usages auxquels on les destine. Évident ? Pas tellement…

Dans les ménages, pour les parquets on utilise le balai de crin, pour les tapis le balai de chiendent, pour la cour on manie le balai de brindilles de bouleau, de genêt ou de sorgho. Ce sont justement les balais de sorgho qui sont fabriqués à Grisolles au début du siècle et jusqu'à il y a peu encore.

Le sorgho, originaire des Indes, était cultivé dans le Sud-Ouest en très petites quantités : souvent en bordure des champs. Avec la graine, on nourrissait le bétail (surtout les pigeons, car dans le Sud-Ouest les pigeonniers ont une grande importance, et pas seulement dans leur architecture originale…). Et on gardait la paille pour fabriquer des balais !

Cependant, dans la vallée fertile de la Garonne, le sorgho trouva un terrain propice à sa culture qui se développa. Ce que voyant, un maître de poste à la retraite, Pascal Peyrebrune, eut l'heureuse idée de se lancer dans la fabrication des balais à grande échelle. Il n'hésita pas à faire venir des ouvriers bordelais qui formèrent l'ossature de cette nouvelle industrie. Rapidement, de nombreuses fabriques se créèrent, produisant des balais soignés et élégants.

PAGE DE DROITE
[Fabricant de balais]
Un retour de forêt bien chargé, pour ce vieux fabricant de balais.

[Balai]
Un artisan exercé avait besoin de 10 minutes pour fabriquer un balai.

1408. Le Fabricant de Balais
Retour de la Forêt du Névet à Plogonnec
(Nos vieux Professionnels Bretons)
Collection VILLARD, Quimper

3. - Le Savetier
Oh ! le soulier d'une cycliste !
Avec elle, çà j'en réponds,
C'est agréable d'être en piste,
Pour la vitesse ou pour le fond !
A. G.

SE CHAUSSER ET SE VÊTIR

Ils étaient nombreux, ceux qui œuvraient pour vêtir leurs semblables. Les lanassiers, cardeurs et peigneurs préparaient la laine pour les foulons et les dégraisseurs la nettoyaient et la blanchissaient. Les tisserands étaient présents dans la plupart des villes et villages, le plus souvent regroupés dans des corporations puissantes. Pendant longtemps, ils se payèrent en nature : ils recevaient la laine brute et devaient rendre des draps d'un poids égal moins une demi-livre. Cette demi-livre de laine représentait leur rémunération.

Au XVe siècle, la laine tissée était travaillée par les giponniers, les pourpointiers, les couturiers et les chaussetiers. Chacun avait une spécialité, celle des chaussetiers étant la fabrication des chausses et des chaperons. Ils étaient assistés par les bonnetiers, les boutonniers, les brodeurs. Autant de métiers dont on n'entend plus parler depuis longtemps, sauf pour les derniers que tourisme et folklore ont fait revivre.

En bout de chaîne, voici les *peilhiers*, qui raccommodaient les vieux habits pour les revendre. En quelque sorte, les parrains de nos fripiers.

Toujours au XVe siècle, on ne trouve pas trace des sabotiers (ou en tout cas de leur corporation). Pourtant, ils devaient bien exister. En revanche, placée sous la protection de saint Crépin et saint Crépinier, voici la corporation des cordonniers. Ils ne veulent pas être confondus avec les savetiers-grouliers. Pourtant, ceux-ci honorent les mêmes saints qu'eux, mais ils réparent les chaussures. Pas question non plus de les confondre avec les patiniers qui fabriquaient des galoches et peut-être des sabots comme ceux que nous verrons tout à l'heure…

PAGE DE GAUCHE
[Savetier]
Le savetier est devenu expert dans l'art de faire du presque neuf avec du très usé.

[Tissage]
Tisserands au début du XXe siècle.

[Tanneur]
Les tanneurs de Saint-Antonin (Tarn-et-Garonne), dont la spécialité était le cuir de veau, recherché pour sa souplesse. Sur le chevalet, le tanneur calait les peaux afin de les débourrer avec un couteau arrondi. La bourre était récupérée pour garnir les harnais.

Les lanassiers ou lainiers

Quel travail depuis la tonte des moutons ! La laine brute arrive dans d'immenses ballots et les lainiers commencent à la trier (à la main) puis la lavent dans de grandes cuves. Le triage est censé débarrasser la laine de ses débris, tout particulièrement des inévitables brins de paille. Tous n'échappent pas à la vigilance du lainier et justement, ce sont ces petits défauts qui font apprécier la laine préparée artisanalement.

Après avoir été égouttée, elle est mise à sécher à l'air dans le « galetas » (un grenier). Dans le galetas la laine est étalée sur quelques centimètres d'épaisseur et les lainiers viennent la retourner de temps en temps à la manière du foin dans un pré.

Le tisserand

Les ouvrages du début du XXe siècle ne donnent aucune forme féminine au mot tisserand... Pourtant, le tissage est « l'art de Minerve ». Chez les Grecs et les Romains, il était l'exclusivité des femmes.

Au XIXe siècle, le tissage est devenu l'affaire des hommes. Je veux parler du tisserand de linge qui met en œuvre un ou deux métiers dans son atelier. Ces artisans, malgré l'apparition des manufactures, se comptent par milliers. On dit d'eux qu'ils sont des « tisserands de village ».

Les fileuses des campagnes – il y en a encore beaucoup au début du XXe siècle – lui confient leur production de fil. Il en fait une toile rude et résistante qu'il fera blanchir sur le pré après un ou deux lavages.

Le tisserand travaille souvent dans une cave : la fraîcheur est favorable au linge. Mais est-elle bien favorable à la santé de l'artisan ? L'insalubrité des ouvroirs et les changements dans l'économie rustique font que ce métier va disparaître au début du XXe siècle.

Ecorçage]
L'écorçage du tan. Les tanneurs utilisaient beaucoup d'eau, pour le traitement des peaux d'une part, pour moudre le tan d'autre part. Autour de chaque ville où des tanneries existaient en nombre conséquent, fonctionnaient également un certain nombre de moulins à tan. Il n'en reste plus rien aujourd'hui, sauf quelques vestiges ignorés.

Quelques formes de tissage subsisteront : les ouvriers dits de la « grande navette » qui font le drap d'or, d'argent ou de soie, et les ouvriers de la « petite navette » encore appelés « tissutiers rubaniers ». Curieusement, les corporations de tisserands ne les ont jamais reconnus et les tiennent à l'écart.

Le tanneur

Au fil de promenades dans de nombreuses villes de France, nous trouvons des rues qui nous rappellent les anciennes activités qu'elles abritaient : rue des Cordiers, là où se trouvait une corderie, rue des Sœurs-Noires, là où était un couvent. La rue des Bains accueillait, comme son nom l'indique, les bains, et la rue du Jeu-de-Paume garde la trace de cet ancêtre du tennis.

Rares sont les villes qui n'ont pas leur « rue des tanneurs » ou encore la « rue des tanneries ». Ceux qui ont connu ces activités en pleine ville se souviennent surtout de l'odeur, une odeur prenante, qui faisait partie de l'odeur générale de la ville.

En 1741, il y avait à Agen, dans le Lot-et-Garonne, quinze tanneries, huit à Nérac. Dans le Gers, Lectoure se distinguait par la présence des « tanneries royales ».

Un très grand soin a toujours été apporté au tannage du cuir : et pour cause ! Ne s'agit-il pas d'une matière première incontournable et précieuse ? Qu'on réfléchisse un peu à toutes les utilisations du cuir et l'on mesurera l'importance de cette préparation qui demandait parfois un mois et demi d'efforts et de surveillance. Voici le détail de quelques opérations telles qu'elles étaient décrites il y a environ deux cents ans :

Le lavage dure six ou sept jours durant lesquels les peaux sont lavées quotidiennement à l'eau courante. Une dizaine de jours sont nécessaires pour le plammage, c'est-à-dire le trempage dans une eau de chaux. Les peaux sont rincées et débourrées.

Vient ensuite le travail de rivière. Entre deux trempages, les peaux sont façonnées au couteau à revers. L'eau du trempage est changée toutes les douze heures.

Les cuirs sont ensuite couchés dans des cuves garnies avec du tan. L'eau des cuves est portée à ébullition tous les deux jours. On change l'eau en rajoutant du tan à plusieurs reprises. L'opération dure 36 jours en été, 40 à 45 jours en hiver.

Nous arrivons enfin aux dernières opérations : les cuirs sont engraissés avec du suif. Puis, pliés par trois, ils sont foulés, et enfin travaillés diversement pour les assouplir.

[Sabotier]
Les sabotiers prospèrent en général dans des régions boisées, comme sur cette photo prise à Espalion en Aveyron : ils ont ainsi leur matière première à proximité de leurs ateliers.

Le sabotier

Au début des années 1950, dans toutes les campagnes du Sud-Ouest, les sabotiers rangèrent leurs grattoirs et leurs planes, vaincus par le caoutchouc tout puissant. Pourtant, les sabots avaient chaussé des familles entières pendant plusieurs siècles. Aujourd'hui, les sabots ne reviennent qu'aux fêtes de Noël, lorsque l'on dépose des sabots en chocolat au pied des cheminées, en souvenir des « esclops » de nos aïeux.

Les sabotiers ne connaissaient pas l'oisiveté et l'on trouvait des « chausseurs de bois » dans tous les villages d'autrefois.

Le métier n'était pas d'un gros rapport et on n'a pas connu de sabotiers ayant fait fortune. Néanmoins, si l'homme ne se distrayait pas de son labeur, il pouvait faire vivre sa maison dignement. Il avait la réputation de compenser sa modestie financière par une bonne humeur à toute épreuve. Une amabilité si constante que, lorsqu'un sabotier devenait un peu grincheux, les habitants de la paroisse se mettaient à redouter une mort prochaine chez un paroissien !

En peuplier carolin, en saule ou en orme, les sabots sont taillés dans des billes de 35 centimètres de longueur (ce qui correspond à la pointure de quarante-cinq). Au début du XXe siècle, un bon sabotier allait lui-même dans les forêts couper les arbres dont il utiliserait le bois.

La forme est dégrossie à la hache ou au paroir, et le trou creusé avec une mèche. Au début du XXe siècle, un artisan expérimenté fabrique deux paires de sabots par jour, pas plus. Quelques dizaines d'années plus tard, le machinisme est passé par là et on arrive à produire deux cents paires par jour !

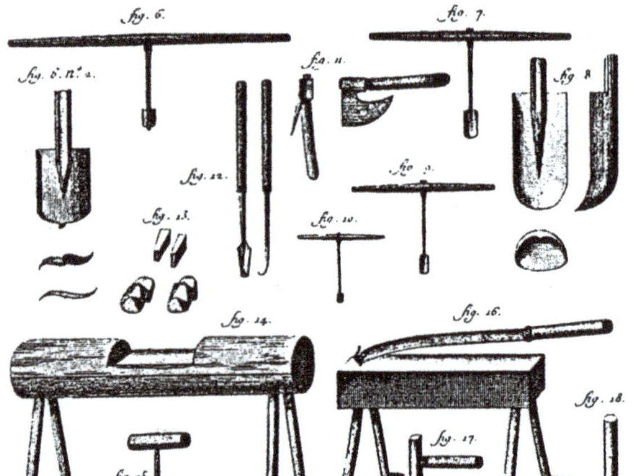

*Planche de l'***Encyclopédie** *de Diderot représentant le travail du sabotier.*

La forme pouvait varier selon les régions : un long bout pointu dans les Pyrénées, un talon triangulaire en Lozère, carré ailleurs. Si les sabots « de tous les jours » restaient sobres, ceux du dimanche étaient fréquemment vernis et ornés de dessins. Certains n'hésitent pas à apporter au sabotier du bois qu'ils ont spécialement mis de côté pour leurs sabots. Un noyer, abattu des décennies auparavant, servira à fabriquer les sabots de toute une famille pendant longtemps. Encore que les plus riches ont, pour le dimanche, une vraie paire de chaussures qu'ils ne mettent que pour aller à la messe.

Le sabot était (et reste, pour quelques amateurs) une chaussure saine, parfaitement isolante. Elle n'est pas adaptée pour aller vite : on dit qu'elle va au pas du paysan, mais si vous prenez la précaution de l'amener ferrer chez le maréchal-ferrant du village, c'est une chaussure qui vous amènera loin.

L'installation des sabotiers reste souvent fort rudimentaire. Leur travail devient parfois une vraie forme d'art, les sabots savamment ouvragés étant un signe de prospérité pour celui qui les porte.

Le savetier

Manifestement inspirée (page ci-contre) par le bon Jean de la Fontaine, cette petite fable illustre bien la sagesse que l'on tentait à la Belle Époque d'inculquer aux enfants. Chacun peut vivre sa vie dans son village dans la mesure où il sait se rendre utile à la collectivité.

Pourtant, la profession est si peu lucrative qu'elle est souvent utilisée pour illustrer, sinon personnifier, la pauvreté. Le « prudent passereau » de la fable n'est pas riche, loin s'en faut, et il admet rapidement qu'en échangeant ses chants et son sommeil contre tout l'or d'un financier, il fait une mauvaise affaire.

Si pauvre est le savetier que son échoppe est souvent son logis.

Et cependant, plus modeste que le savetier existe : il s'agit du savetier ambulant. Dans les villes, il portait sa hotte de rue en rue, en jetant un cri qu'on n'entend plus depuis 150 ans : « Carreleur de souliers ». Dans les campagnes, le savetier ambulant est désigné sous le nom de « Boum », sans doute parce que le cuir qu'il portait en bandoulière était roulé en forme de canon.

Les savates n'ont jamais eu en France qu'une connotation péjorative. Elles désignent les chaussures usées et le savetier est celui qui sait les réparer.

Le cordonnier – sous le prétexte qu'il travaillait le cuir de Cordoue (donc le cuir « neuf ») – s'est adjugé le meilleur rôle de « faiseur de neuf », laissant au savetier le travail de « cordonnier au vieux ».

Ne pensez pas que cette frontière entre neuf et vieux ne soit qu'une banale affaire d'amour-propre entre deux métiers très proches. En fait, il a toujours existé des règlements très précis et sous Henri IV, il était interdit au savetier de faire du neuf sinon pour lui et sa famille. Le législateur de l'époque ne lui donne même pas le droit d'employer du cuir neuf pour ses rapiéçages.

Notre époque, qui voit triompher l'éphémère, l'effet de mode, sourit sottement de ces modestes métiers et de leurs prérogatives, mais gageons qu'un jour nous serons bien heureux de retrouver des cordonniers et des savetiers connaissant bien leur métier.

Le sandalier

Sandales et espadrilles nous viennent des temps les plus reculés. Autrefois, leurs semelles étaient en « spart » (le spart est une graminée dont les feuilles sont très résistantes. On tire de la plante un fil fait d'écorces et de fibres végétales utilisé pour certaines vanneries et pour la confection des semelles des espadrilles).

Les espadrilles étaient surtout en usage dans le sud de la France. En juin 1892, *Le Petit Journal* organisa un concours de marche (Paris-Belfort) qui mit en évidence la qualité et la robustesse de cette chaussure.

Je ressemelle en chantant
Le riche craint pour son or,
Je sais un plus grand trésor,
C'est d'être toujours content.

Enfant, reste dans ton village ;
Il n'y a pas de sot métier ;
Sois laboureur ou savetier,
Beaucoup diront : il est un sage.

Garde la tombe près du berceau.
Au loin, la douleur est plus amère,
Demeure près du nid de ta mère,
Imite le prudent passereau.

[Savetier]
Sourire aux lèvres !

[Sandalier]
Ouvriers sandaliers du Pays basque.

NOUVEAU — LES FEMMES COCHER
DECOURCELLE *caressant son favori*

SUR LES ROUTES

Il est vraisemblable qu'avant les routes, l'homme utilisa les cours d'eau pour se déplacer. Et pour cause ! Comment pénétrer avec les moyens de la Préhistoire dans les forêts denses qui couvraient le pays ? Les Gaulois surent tracer quelques routes reliant les principales agglomérations. On conserve dans certaines régions le souvenir de « draihles », vestiges de voies gauloises. Puis les Romains construisirent des voies pavées, toutes droites, solidement empierrées, propices aux échanges commerciaux.

Ils lançaient sur les routes toutes sortes d'engins, depuis les *plaustras*, chariots lourds, jusqu'aux voitures légères, les *carpentaes* à deux roues ou les *carrusos* à quatre roues. N'avaient-ils pas mis en place le *cursus publicus*, ancêtre de nos transports publics réguliers ?

Si la Gaule profita, dans les premiers temps de sa conquête, des bienfaits de la civilisation romaine, le Moyen Âge vit ces anciennes routes délaissées et parfois disparaître. Les luttes entre les seigneurs rendaient les campagnes peu sûres, les déplacements devinrent dangereux. En outre, les seigneurs, non contents de négliger leurs chemins, installèrent des péages partout où ils le purent : entrée des bourgs, passage de ponts ou de cols… Cela n'encourageait pas les échanges. Ceux-ci ne reprirent qu'à partir du XIIIe siècle, mais, jusqu'à la Renaissance, les gens, hommes ou femmes, manants et seigneurs, continuèrent d'aller à pied ou, pour les plus aisés, en litière.

Henri IV et Sully tentèrent bien de remédier à cette fâcheuse situation et l'on trouva bientôt des « coches » qui reliaient Paris aux grandes villes à la vitesse de 10 lieues par jour en hiver et 14 lieues en été, soit une vitesse moyenne de 2,5 kilomètres à l'heure.

Ce sont Louis XIV et Colbert, secondés par les intendants, qui sont les précurseurs des voies que nous empruntons aujourd'hui. À partir de 1716, c'est le corps des Ponts et Chaussées qui a en charge la création et l'entretien des voies de communication. L'entretien des routes mériterait à lui seul tout un ouvrage : en commençant par le « ban » que réunissait autrefois le seigneur pour les travaux sur son domaine, jusqu'aux « prestations en nature », terme qui désignait les corvées sous l'Ancien Régime, en passant par toutes les taxes que l'on sut inventer pour payer l'entretien des chemins.

Les carrosses, plus grands et offrant un meilleur confort que les coches, apparurent, puis la chaise de poste (qu'il ne faut pas confondre avec la malle-poste) apporta la rapidité : elle avançait au trot des chevaux. Les chevaux étant changés à chaque relais, c'est-à-dire tous les 8 kilomètres, la chaise de poste tient la moyenne étonnante de 11 à 12 kilomètres à l'heure.

Au bord des routes, nous trouvons les auberges et tout leur personnel. Ce sont souvent des relais de poste. En fait, il y a peu de voyageurs et l'on ne se déplacera longtemps que par nécessité. Il faut bien admettre que les routes ne sont pas sûres : elles sont souvent encombrées de mendiants qui ont la réputation de devenir rapidement agressifs lorsqu'ils sont en groupe. Au début du XXe siècle, il y avait encore des vraies famines dans nos régions, qui jetaient de nombreux malheureux sur les routes. Ceux-ci avaient compris qu'en se regroupant ils pouvaient exiger des aumônes conséquentes.

Le corollaire de cette situation est que la justice était particulièrement rigide avec les mendiants et le délit de vagabondage sévèrement puni.

Ajoutez à cela l'inconvénient de la langue, car de nombreuses régions n'utilisaient que leur dialecte : en 1863, une enquête montre que le français est quasiment inconnu dans le tiers des régions françaises !

PAGE DE GAUCHE
[Cocher]
Femme cocher et son fidèle attelage.

[Auberge]
Nombre de domestiques entretenaient les chevaux ou s'occupaient des voyageurs.

Le carrossier

Les carrossiers fabriquaient et réparaient les carrosses, faisant appel à un grand nombre de professionnels : charronier, forgeron, bourrelier, menuisier et, à partir du XVIIe siècle, le miroitier, pour les vitres.

Les diligences étaient généralement peintes en jaune, les omnibus en noir avec une bande jaune. Les plus grosses diligences se composaient de deux ou trois compartiments fermés : le « coupé » à l'avant, l'« intérieur » au milieu et, à l'arrière, la « rotonde » à banquette circulaire. À l'extérieur, on trouvait l'« impériale » dominant le siège du conducteur juste au-dessus du coupé. On y voyageait protégé par une bâche à soufflets. D'autres diligences étaient de dimensions plus modestes et ne comportaient qu'un ou deux compartiments.

Les chevaux étaient attelés deux à deux. Les premiers s'appelaient les timoniers puisqu'ils étaient près du timon, ceux qui les suivaient étaient les quatrièmes. Parfois, on trouvait des sixièmes et même des huitièmes.

Il arrivait que l'on mette (comme sur la photo ci-dessus) trois chevaux de front en volée ou en arbalète. En arbalète, un cheval seul en précède deux autres.

Les harnais étaient des harnais ordinaires, semblables à ceux des chevaux de charrette, sauf pour les chevaux de grande diligence qui bénéficiaient de harnais particulièrement soignés. Toujours dans le chapitre de l'élégance, relevons la présence d'une multitude de grelots qui s'entendaient de fort loin.

Les omnibus n'étaient tirés que par deux ou quatre chevaux. La plupart du temps, on choisissait pour les omnibus les moins robustes et on réservait les plus fringants aux diligences plus rapides et appelées à couvrir de longues distances. Une diligence pouvait, en effet, couvrir jusqu'à 20 lieues par jour. Les omnibus, ces « voitures pour tous », étaient beaucoup plus lents, mais leurs tarifs restaient plus abordables.

[Cochers]
Ils devaient se munir d'un long fouet ainsi que d'une… trompette, qui faisait office d'avertisseur. Le « cor de poste », ancêtre de nos avertisseurs, permettait au conducteur de se signaler dans les passages dangereux aux piétons imprudents.

Le postillon, le cocher, le maître de poste…

Le postillon, c'est-à-dire le conducteur de la diligence ou de l'omnibus, se tenait sur le siège le plus élevé et devait se munir d'un long fouet ainsi que d'une… trompette, qui faisait office d'avertisseur.

Le maître de poste tenait autrefois sa situation du roi : en effet, sous l'Ancien Régime, le poste était un fermage. Il fut abrogé par la loi du 19 Frimaire, an VII, et la poste devint une régie. On vit peu de changement…

Le maître de poste avait le devoir d'entretenir les chevaux, les voitures et les postillons nécessaires aux besoins de la circulation régionale.

Sur les routes

[Courrier]
Un courrier au départ. La poste elle-même, c'est-à-dire le transport du courrier, était assurée par un… panier à salade ! Cette petite voiture, très légère et donc très secouée, ne prenait en principe pas de voyageurs.

Les ambulants

Au XIXe siècle, les saltimbanques et autres joueurs d'orgue ou montreurs d'animaux savants sont souvent confondus dans la suspicion des autorités avec les « ouvriers invalides et ouvriers sans travail » par le fait qu'ils sont « autant de vagabonds et de mendiants ». Il en est de même pour tous les colporteurs, qu'ils soient marchands d'épingles, de chapelets, de porcelaine, de livres ou encore rétameur ou cordonnier ambulant. La méfiance de l'étranger est la règle lorsqu'il ne fait que passer. Et il y a beaucoup de monde sur les routes, comme le constate en 1867 le maire de Saint-Antonin dans une lettre au préfet :

« L'absence du commissaire de police, en m'obligeant à le suppléer, m'a mis à même de constater l'affluence des étrangers de passage à Saint-Antonin depuis le 1er janvier dernier. C'est une véritable invasion de saltimbanques, chanteurs, joueurs d'orgue, ouvriers invalides, ouvriers sans travail qui en réalité sont autant de vagabonds et de mendiants. Il faut donner à la plupart des secours de route et des moyens de transport, ce qui est d'autant plus onéreux qu'il n'existe à la mairie, ni à l'hospice, de ressources affectées à cette nature de dépense… »

Le terme d'« étranger » ne caractérise pas seulement les ressortissants d'une autre nationalité, mais plus simplement ceux qui résident en dehors du département ou même du canton.

L'itinérant doit impérativement présenter son passeport intérieur dans toutes les mairies de chaque ville qu'il traverse. On imagine l'astreinte que cela représente pour des gens qui vivent souvent fort modestement et qui se sont lancés sur les routes plus par nécessité que pour leur plaisir.

D'autant que la surveillance est stricte, comme le montre cette lettre du préfet du Tarn-et-Garonne au maire de Saint-Antonin, retrouvée dans les archives municipales :

« Le 24 du mois dernier, le sieur Tabarly dit Bourdoncle, cultivateur, a obtenu de la préfecture du Rhône un passeport d'indigent avec itinéraire obligé pour rentrer dans votre commune. Je vous serais obligé de m'informer de son arrivée et de lui retirer la pièce dont il s'agit. Dans le cas où il ne serait pas arrivé dans un délai de 15 jours, à compter du présent, je vous recommande de m'en donner également avis. »

(Cité par C. Harmelle et G. Élias dans *Les Piqués de l'aigle*).

[Musiciens]
Impossible - même de nos jours - d'imaginer un mariage sans musique. Violonistes, parfois au talent un peu rudimentaire, d'où le sobriquet de «violoneux», ont, avec les trompettistes et autres cabrettaïres, du travail pour les jours de noces. D'autant que s'y ajoutent nombre de jours de fêtes ou de simples dimanches ensoleillés propices aux rassemblements festifs. Le 14 juillet, jour de fête nationale et de bals populaires, compte beaucoup pour la promotion de ces musiciens. On tourne et on saute sur le même rythme et, au fil des rondes, des binômes se forment sous le regard complice des chaperons. Utiles, vraiment utiles, les musiciens de village.

Les saltimbanques

Au premier rang des itinérants, voici les « baladins », qui se déplacent de château en château pour animer les veillées des provinciaux en échange d'une maigre rétribution : souvent guère autre chose que le gîte et le couvert. Ils viennent de loin dans leurs chariots loqueteux, lorsqu'ils en possèdent un : d'Europe centrale et même d'Égypte. D'où leurs noms : Tziganes, Égyptiens, romanichels. Par quel mystère de l'histoire l'existence de ces gens-là se déroule-t-elle sur les chemins de la vieille France ?

Le ministère (Direction de la Sûreté publique) n'hésitait pas à rappeler les préfets à une grande vigilance : « Les saltimbanques doivent faire demande au préfet en joignant à leur pétition un certificat de bonne vie et mœurs… Je suis informé que ces prescriptions n'auraient pas toujours été appliquées avec la vigilance désirable… Je dois vous prier de veiller avec soin à ce qu'elles soient à l'avenir strictement observées… ».

En 1905, lorsqu'il fallut faire les inventaires des lieux de culte, les gardes champêtres se trouvèrent devant toute la population d'Ercé (Ariège) et… trois beaux ours dressés sur les pattes postérieures montrant les dents, prêts à défendre l'église. Faut-il préciser que l'inventaire fut remis à plus tard !

Les livres préfectoraux, qui enregistrent la délivrance des carnets autorisant les professions de saltimbanques et autres ambulants, nous éclairent sur le nombre « d'artistes » encombrant les routes. On y trouve des jeux de marionnettes, des exercices gymniques et acrobatiques, des manèges de chevaux de bois, plusieurs joueurs d'orgue, des vendeurs de poésie (mais de la poésie morale et religieuse seulement), des lutteurs, une ménagerie, un théâtre de curiosités. Des musiciens, bien sûr, mais aussi des chanteurs de variétés et des chanteurs lyriques, des prestidig itateurs et des montreurs de phénomènes. Parmi ces derniers, un certain Michel Silz, originaire – comme son nom ne l'indique pas – d'Albi, qui « se montre comme géant ». Il est vrai qu'il mesure deux mètres vingt !

[Marchand ambulant]
Le 25 novembre 1852, le ministre de la Police générale rappelle à tous les préfets qu'il a fait défense expresse à un certain Collognon d'exhiber deux figurines représentant la funeste catastrophe de 1847 concernant la famille de Praslin. Les préfets, maires et gendarmes ont le devoir de surveiller ce montreur de figures de cire et de lui retirer le permis dont il est porteur dans le cas où il enfreindrait la défense qui lui a été faite…

Le colporteur

L'histoire du colportage est intimement liée à l'histoire de la librairie. La vente à bas prix de livres de lecture courante par des marchands forains est née avec l'imprimerie. Les écrits pouvant être immoraux ou séditieux, le colportage a été de tout temps sévèrement réglementé.

Dès 1686, une ordonnance précise que les colporteurs seront choisis de préférence parmi les imprimeurs, les libraires, fondeurs ou relieurs qui, par suite de pauvreté ou d'infirmité, ne peuvent plus exercer leur profession. Ils devaient savoir lire, écrire, porter sur leurs vêtements une plaque indicatrice et déclarer dans les trois jours leur nom et leur demeure ainsi que leurs changements d'adresse.

Leurs inventaires ne devaient comprendre que « les édits, ordonnances, déclarations, arrêts dont la publication a été ordonnée, des almanachs, tarifs et aussi de petits livres qui ne passeront pas les huit feuilles, brochés et reliés à la corde, imprimés avec privilège ou permission… Le tout à peine de prison, de confiscation et de peine corporelle selon l'exigence du cas… ».

Cette dernière clause en faisait les obligés du lieutenant de police et il est vraisemblable qu'un certain nombre de pauvres diables connurent les galères pour avoir oublié de la respecter. Le danger n'empêchait cependant pas certains d'entre eux – pour reprendre un mot d'auteur de l'époque – « d'être résolus à cacher la Bible sous le manteau si le magistrat venait à l'interdire »…

Que relève-t-on parmi les best-sellers du colportage ? Les almanachs, bien sûr, mais aussi des répertoires de sciences occultes comme *Le Grand Grimoire ou l'Art de commander aux esprits*, des manuels de galanterie tels que *Le Catéchisme des amants* (je vous rassure, il ne va pas bien loin dans la galanterie), des récits satiriques comme *La Malice des femmes* ou *La Misère des maris*. On trouve encore des ouvrages à prétention historique : *La Vie de Napoléon*, *La Vie de Cartouche* ou *La Vie de Mandrin*… Sans oublier les livres de piété aux titres parfois déconcertants : *Préparation à la mort*, ainsi que *Le Juste Châtiment de Dieu envers les enfants qui sont désobéissants à leurs père et mère*. Le tout, ne l'oublions pas, en huit pages, pas plus !

[Colporteur] *Le colporteur n'a pas encore fait fortune. Son petit commerce est tiré par deux chiens. Il déballe ses trésors devant deux clientes éblouies, mais sa veste laisse voir de piteux raccommodages.*

La Révolution vint alléger les contraintes des colporteurs et, dès le 2 mars 1791, le colportage fut en principe absolument libre. Les colporteurs sont alors considérés comme des commerçants avec les mêmes droits (et les mêmes obligations) que les autres. On voit alors de plus en plus de ces petits marchands ambulants qui vont de village en village vendre, en plus de leurs livres, de menus objets. Les colporteurs demeurent cependant une cible privilégiée de la police qui ne voit en eux que des vagabonds susceptibles d'écouler des marchandises d'origine douteuse. Certains articles restent particulièrement surveillés ou simplement interdits. Ce sont, entre autres, l'or et l'argent dont la vente est sévèrement réglementée.

D'autres produits, comme les cartes à jouer, peuvent valoir un mois de prison si elles sont diffusées sans autorisation ! Tout comme le tabac, bien sûr, s'il n'est pas revêtu de la vignette de l'État. Mais sur ce dernier point au moins, rien aujourd'hui n'a changé, n'est-ce pas ?

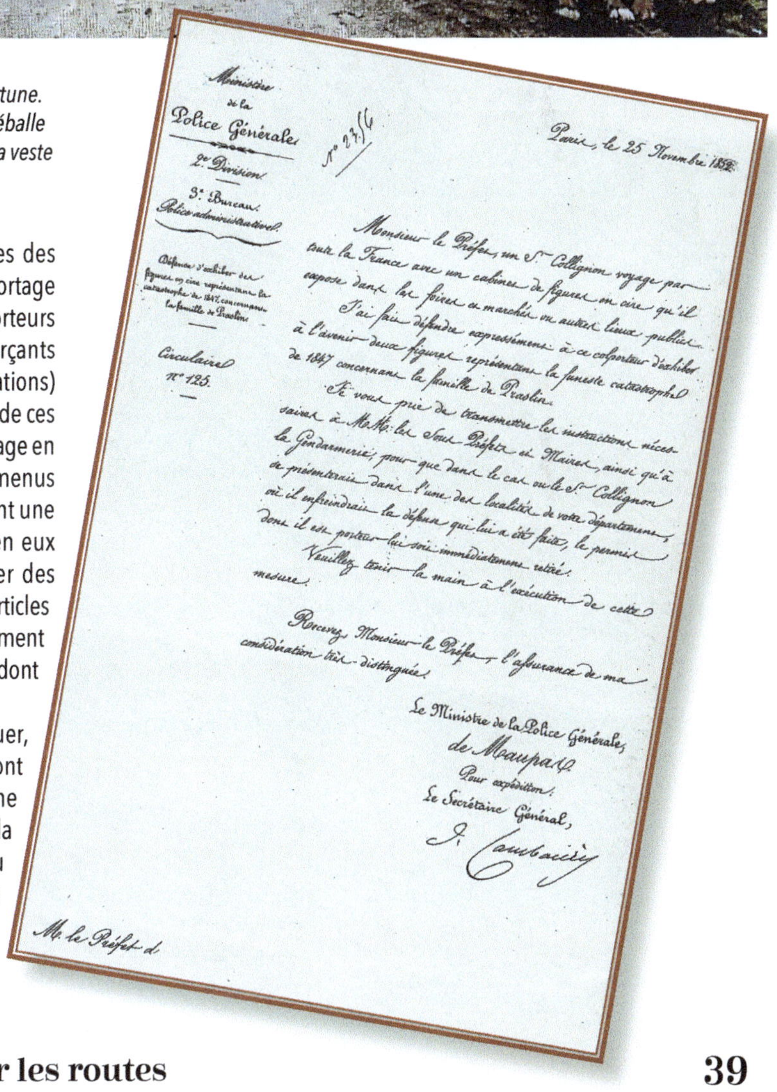

Ministère de la Police Générale

2e Division

3e Bureau. Police administrative.

Défense d'exhiber des figures en cire représentant la catastrophe de 1847 concernant la famille de Praslin.

Circulaire n° 125.

N° 2356

Paris, le 25 Novembre 1852.

Monsieur le Préfet, un Sr Collignon voyage par toute la France avec un cabinet de figures en cire qu'il expose dans les foires et marchés ou autres lieux publics.

J'ai fait défendre expressément à ce colporteur d'exhiber à l'avenir deux figures représentant la funeste catastrophe de 1847 concernant la famille de Praslin.

Je vous prie de transmettre les instructions nécessaires à MM. les Sous-Préfets et Maires, ainsi qu'à la Gendarmerie, pour que dans le cas où le Sr Collignon se présenterait dans l'une des localités de votre département, où il enfreindrait la défense qui lui a été faite, le permis dont il est porteur lui soit immédiatement retiré.

Veuillez tenir la main à l'exécution de cette mesure.

Recevez, Monsieur le Préfet, l'assurance de ma considération très-distinguée.

Le Ministre de la Police Générale,
de Maupas.
Pour expédition :
Le Secrétaire Général,
J. [illegible]

Mr le Préfet d

[Rémouleurs]
Au XIXe siècle, le rémouleur voyageait de village en village, mais pouvait avoir son échoppe en ville. Les instruments de fer étaient rares et précieux, aussi les faisait-on aiguiser régulièrement.

Le rémouleur

Le rémouleur a laissé le souvenir d'un ambulant. Pourtant, certains tenaient boutique dans les grandes villes où la clientèle était assez fournie. D'autres étaient directement employés dans les fabriques de couteaux ou d'ustensiles.

Couteaux et ustensiles coûtaient cher et ils s'usaient ! D'où le rôle éminemment économique du rémouleur qui rajeunissait non seulement le fil des rasoirs, des ciseaux et des couteaux du ménage, mais aussi les cisailles, les sécateurs ou la hache de l'agriculteur.

Les ouvriers saisonniers

Si les compagnons voyagent isolément ou en petits groupes, ce n'est pas le cas des ouvriers saisonniers qui quittent leur village en bandes organisées, régies par de solides règles de solidarité et d'entraide. À l'automne, lorsque les troupeaux redescendent de l'estive, les Aveyronnais « montent » à Paris afin de nettoyer les parquets des citadins, puis regagnent leur pays aux premiers jours du printemps. Bientôt, ils ne redescendront plus, ayant trouvé le moyen de s'installer comme marchands de vin et de détenir un véritable monopole sur les débits de boissons.

Ce sont surtout les régions de montagne qui envoient leurs hommes travailler chez les autres au moment de l'hiver. Ne dit-on pas qu'à Saint-Gaudens, c'était environ 20 000 jeunes gens qui partaient ainsi vers les grandes villes ?

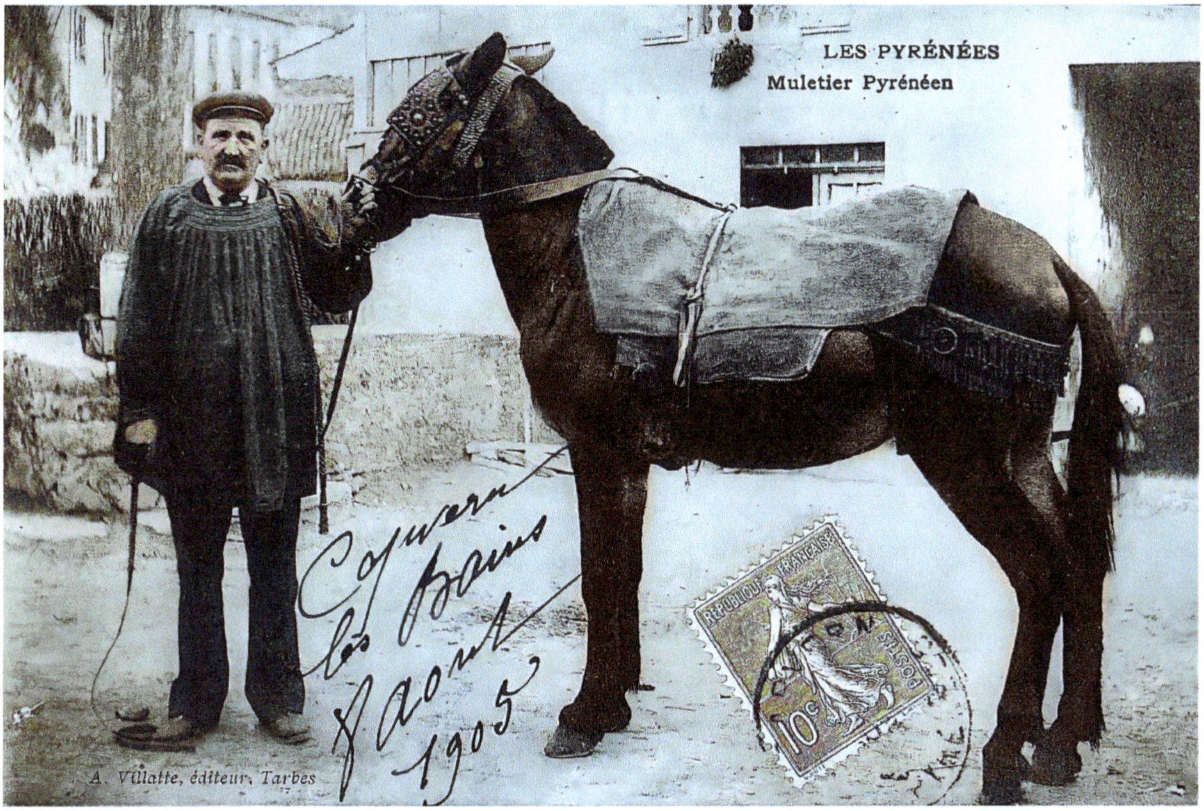

Ceux qui n'ont plus rien

Voici enfin ceux qui n'ont ni maison où revenir à la belle saison, ni métier pour subsister. Ils n'ont plus qu'un seul recours : une errance continuelle entretenue par la charité de quelques-uns. Ce sont les vagabonds, les chemineaux, les pratiquants du chemin. Si, dans des temps très anciens, on les accueillait aimablement (la « part du pauvre » est une réalité à la table des fermes), leur errance deviendra de plus en plus difficile. Les gendarmes et la justice leur mèneront la vie dure et les journaux d'avant-guerre regorgent de faits divers où des vagabonds sont mis en prison pour des motifs futiles…

[Muletier]
La patience et la résistance des mulets en font le compagnon idéal de l'itinérant.

[Mendiant]
Un vieux mendiant. Très souvent, pour remercier les gens qui leur offraient un peu de nourriture ou quelques pièces, les mendiants récitaient des prières devant la porte de leurs donateurs. Plus le don était généreux, plus les prières étaient longues.

Types Toulousains

20. - Types de la Rue - Les Frites sur la Place du Capitole

FOIRES, MARCHÉS
ET PETITS COMMERCES

La plupart des transactions demeurent locales. Les villes reçoivent les produits agricoles de leurs environs. En échange, elles fournissent les campagnes de produits fabriqués chez elles. D'où l'importance des foires et des marchés. L'animation de ces rassemblements de population a gardé – et garde parfois encore – un aspect pittoresque qui tranche avec la monotonie quotidienne. Pour ceux qui ont abandonné, pour la journée, leur pénible travail quotidien, la foire est l'occasion de se détendre ou de se soigner.

Mais, pour entrer dans la ville, hommes et marchandises doivent d'abord passer par l'octroi…

PAGE DE GAUCHE [Toulouse]
Scène de marché, place du Capitole.

À l'entrée des villes : l'octroi et ses employés

L'octroi est, à l'origine, une autorisation accordée par le suzerain au vassal ou par le souverain aux villes de prélever des taxes indirectes sur les objets et denrées de consommation. Plus tard, les taxes elles-mêmes furent appelées octroi.

Le périmètre du territoire soumis à l'octroi est, le plus souvent, limité à l'agglomération, ce qui explique la présence des bureaux de l'octroi à l'entrée d'une ville un peu importante.

En 1791, une tentative eut bien lieu pour supprimer cette taxe, mais les localités s'étaient tellement bien arrangées de ce revenu que l'octroi réapparut très vite.

Les objets pouvant être soumis à l'octroi sont classés en cinq catégories :
- boissons et liquides ;
- comestibles ;
- combustibles ;
- fourrages ;
- matériaux.

Cette liste laissant « filtrer » un certain nombre de marchandises, on se hâta de rajouter une sixième catégorie : « objets divers ».

Les employés de l'octroi pourraient être comparés à des douaniers municipaux : ils devaient contrôler les marchandises entrant dans les cités et percevoir la taxe de celles qui y seraient déposées. Ces fonctionnaires n'avaient pas le droit de fouiller les personnes ; cependant, en cas de soupçon de fraude, ils devaient alerter un officier de police et ce dernier pouvait autoriser une « visite personnelle ».

[Octroi]
Ces portes étaient courantes à l'entrée des villes, et c'est là que les agents de l'octroi attendaient leurs « clients ».

C'était, on en conviendra, un travail à responsabilité compte tenu des sommes en jeu. Aussi on ne s'étonnera pas d'apprendre que le personnel préposé à l'octroi prêtait serment devant le tribunal civil ou le juge de paix, et, sait-on jamais ? Le Trésor exigeait d'eux un cautionnement.

Une dernière précision : la fraude à l'octroi peut provoquer, outre de lourdes amendes, un séjour en prison pour une durée de six jours à six mois. On comprend cette sévérité en lisant quelques exemples de tarifs de l'octroi à la fin du XIXe siècle pour la ville d'Agen :

- Vins en cercles et en bouteilles, l'hectolitre : 1,52 franc

- Bœuf (vivant) : 4,20 francs

- Viande fraîche de bœuf introduit en entier : 7,90 francs

- Dindes, dindonneaux, oies communes, par tête : 0,20 franc

- Coqs, poules, poulets, pintades, par tête : 0,10 franc

- Bois dur à brûler, le stère : 1,20 franc

- Bois blanc à brûler, le stère : 0,70 franc

- Bougies, les 100 kilogrammes : 15 francs

- Chandelles de suif, les 100 kilogrammes : 5 francs

Le passage devant l'octroi était parfois marqué d'une simple borne, parfois par un petit édifice placé devant les routes ou à l'entrée des ponts. L'édifice tenait lieu de bureau aux employés.

Gageons que la disparition, à partir de 1899, des employés de l'octroi ne dérangea personne ; mais ils furent rapidement remplacés par d'autres fonctionnaires chargés de nous taxer avec plus de douceur et de discrétion…

[Arracheur de dents]
Pas d'anesthésie ! Deux grosses tenailles… et beaucoup de promesses ! On comprend que le malheureux naïf qui monte sur l'estrade, espérant soulager sa douleur, montre un spectacle de qualité à tous ces badauds.

[Éauze]
La Barterote, arracheuse de dents, sur la place d'Éauze dans le Gers. Elle attirait les foules !

L'arracheur de dents

On ne peut pas qualifier ce métier d'ambulant, mais le dentiste du XIXe siècle n'était pas non plus un sédentaire, puisqu'il officiait sur les foires et les marchés.

Sous l'Ancien Régime, divers édits obligeaient les médecins, chirurgiens, apothicaires, lithotomistes et dentistes à prêter serment pour exercer leur art. Les « renoueurs », qui remettaient les luxations et les entorses, sans autre instruction que l'empirisme, ne prêtaient pas serment.

Les dentistes devaient se faire recevoir au Collège de chirurgie. Si l'enseignement dispensé peut aujourd'hui prêter à sourire compte tenu de la pauvreté des matières enseignées, la profession ainsi réglementée présentait quelques garanties. Or ce ne fut plus le cas après 1792 et l'on vit se lancer dans cette profession difficile toutes sortes

d'ignorants et d'empiriques qui pousèrent fort loin les abus. N'importe qui continua donc à s'installer dentiste. Il est difficile d'imaginer que le premier quidam venu pouvait recourir au bistouri, employer des substances dangereuses et pratiquer l'anesthésie par le chloroforme, l'éther ou la cocaïne, lesquels peuvent être des poisons énergiques.

Les inconvénients d'une telle liberté étaient tels que les médecins réclamèrent une réglementation pour mettre fin à des abus dangereux qui disqualifiaient la profession et faisaient mourir nombre de patients. Cette nouvelle réglementation arriva enfin en 1891, un siècle après la disparition des premières lois. Un siècle qui fut un siècle de bonheur pour les arracheurs de dents…

Regardez bien la photo ci-contre : elle mérite une explication. Vous voyez sur la place d'Éauze (Gers) une arracheuse de dents en action. La « Barterote », c'est son nom, installée sur une diligence, fréquente les marchés et harangue la foule, promettant l'arrachage de vos chicots abîmés et douloureux sans la moindre douleur ! Mais vous avez bien remarqué aussi les trois musiciens sur l'impériale – musiciens dans la mesure où l'instrument fait le musicien : une grosse caisse, une trompette et un trombone. Malheureux naïf dont les caries ôtent le sommeil. Vous allez monter dans la diligence ; sans vous laisser le temps de comprendre ce qui vous arrive, la Barterote va vous coincer la tête entre ses jambes (qu'elle a – dit-on – fort musclées), et d'un habile coup de tenaille arrachera le chicot coupable. Pendant ce temps…

Pendant ce temps, les musiciens auront joué de leurs instruments de musique, lesquels ne sont pas discrets et, lorsque, abasourdi, vous récupérerez vos esprits, personne n'aura entendu vos plaintes. Pourtant, les curieux en mal de sensations sont nombreux autour de la voiture.

Après avoir payé ce petit service à son auteur, vous retrouverez vos amis et jamais vous ne leur avouerez que vous avez vu trente-six chandelles, puisqu'ils n'ont rien entendu et vous manifesteront de l'estime pour votre courage et votre impassibilité.

Comment s'étonner alors que cette profession passa à la postérité à travers une expression bien connue : « Menteur comme un arracheur de dents » ?

PAGES SUIVANTES
[Marché]
Le marché de Dives-sur-Mer, dans le Calvados. On peut y apercevoir la belle halle sur le côté droit.

[Langueyeur]
Le langueyeur intervient sur les marché, lors d'un achat de porcs de vérifier que l'animal n'est pas ladre, c'est-à-dire qu'il n'est pas atteint de cysticercose, maladie caractérisée par la présence de petits kystes sous la langue.

15 *DIVES. — Le Marché. — LL.*

55
REPUBLIQUE FRAN

[Dentiste]
Le dentiste des porcelets officie sur les foires et les marchés.

Le dentiste des porcelets

Sur la place du marché aux porcs, les porcelets qui doivent être expédiés par chemin de fer sont mis dans l'impossibilité de mordre leurs congénères. Le « dentiste » leur casse incisives et canines à l'aide d'un davier spécial.

Tous les « dentistes animaliers » ne sont pas aussi cruels. Le dentiste des chevaux doit veiller à ce que leurs dents - qui poussent toute leur vie - ne débordent pas à l'intérieur de la bouche. Des dents trop longues font que les chevaux se mordent et donc souffrent. Les chevaux possèdent également une « dent de loup » qui pousse devant les premières molaires supérieures. Si cette dent de loup devient trop grande, le cheval ne supporte plus le harnais et ne se laisse plus monter.

Les petits commerces

Les magasins restaient ouverts tous les jours, même le dimanche. Un avantage certain pour les agriculteurs isolés qui font leurs courses ce jour-là en se rendant à l'office.

Chez l'épicier, le regrattier, on fait l'emplette d'un peu de sucre que le commis casse à l'aide d'un petit maillet à partir d'un énorme pain conique et qu'il emballe dans un sac de papier jaune ; de quelques bonbons multicolores agglutinés dans de grands bocaux ; de lentilles, de haricots, ou de petits pois présentés dans des sacs de jute bordés avec soin. Tout cela est soigneusement pesé sur une balance avec des poids en cuivre.

Pour les grandes occasions, on achètera peut-être quelques-uns de ces fruits rares et étranges qui font leur apparition aux étals : des bananes, des oranges ou même des ananas.

Mais on trouve plus chez l'épicier. Par exemple, aux débuts de l'automobile, le conducteur pourra se ravitailler en essence, conditionnée en bidons carrés de 5 litres.

Pour les enfants, on peut acheter quelques bonbons multicolores agglutinés au fond de grands bocaux de verre. On trouvera aussi des lentilles, des haricots, des petits pois ou des pois chiches dans de grands sacs de jute bordés avec soin. Peut-être, à l'occasion de quelque évènement familial, va-t-on acheter quelques-uns de ces fruits rares et étranges qui font leur apparition aux étals : des bananes, des oranges ou même des ananas. Tout cela sera pesé avec soin sur les plateaux jaunes d'une balance Roberval, avec des poids de cuivre.

À l'enfant sage, on offrira une feuille de couleurs à découper : la plupart du temps, il s'agit d'un petit régiment avec son général, sa cantinière et son tambour.

Si l'épicier est aussi buraliste, il vous vendra le tabac au détail : il pèsera deux sous de tabac sur une balance si petite qu'elle ressemble à une balance de poupée. Et, à l'aide d'un petit triangle de papier, on le fait glisser dans la blague à tabac où l'on range également le papier à cigarettes et le briquet à étoupe.

La Maison Coiscaud à Breux : épicerie, mercerie, vin, liqueurs.
L'épicerie de Montpezat est aussi mercerie et édite des cartes postales. Tout un programme pour une si petite boutique !

DÉPARTEMENT DU LOT.

RIVIÈRE DE LA DORDOGNE.

TARIF

Des Droits à percevoir sur les Bacs et Bateaux, établis sur la Dordogne.

Pour le passage d'une personne non chargée, ou chargée d'un poids au dessous de cinq myriagrammes, cinq centimes, ci. 5 c.es

Pour denrées ou marchandises non chargées sur une voiture, sur un cheval ou mulet, mais embarquées à bras d'homme, et d'un poids de cinq myriagrammes, cinq centimes, ci........ 5 c.es

Pour chaque myriagramme excédant, deux centim... 2 c.es

Nota. Le chargeur déclarera le poids, qui pourra être vérifié par le passeur.

Pour le passage.

- D'un cheval ou mulet et son cavalier, valise comprise, dix centimes, ci.......... 10 c.es
- D'un cheval ou mulet chargé, huit c.es.. 8 c.es
- D'un cheval ou mulet non chargé, six c.es 6 c.es
- D'un âne chargé, ou d'une ânesse chargée, six centimes, ci.......... 6 c.es
- D'un âne non chargé ou d'une ânesse non chargée, quatre centimes, ci.......... 4 c.es

Par cheval, mulet, bœuf, vache ou âne, employé au labour; ou allant au pâturage, quatre centimes, ci........ 4 c.es

Par bœuf ou vache; appartenant à des marchands, et destiné à la vente, dix centimes, ci.......... 10 c.es

Par veau ou porc, trois centimes, ci.......... 3 c.es

Pour un mouton, brebis, bouc, chèvre, cochon de lait, et par chaque paire d'oies ou dindons, deux centimes, ci.. 2 c.es

Lorsque les moutons, brebis, boucs, chèvres, cochons de lait, paires d'oies ou de dindons, seront au dessus de cinquante, le droit sera diminué d'un quart.

Lorsque les moutons, brebis, boucs et chèvres, iront au pâturage, on ne paiera que la moitié du droit.

Les conducteurs des chevaux, mulets, ânes, bœufs, etc., paieront *quatre centimes.*

Pour le passage.

- D'une voiture suspendue à deux roues, celui du cheval ou mulet, ou pour une litière à deux chevaux, et le conducteur, un franc, ci.......... 1 fr.
- D'une voiture suspendue à quatre roues, du cheval ou mulet, et du conducteur, un franc soixante centimes, ci.......... 1 fr. 60 c.es
- D'une voiture suspendue à quatre roues, attelée de deux chevaux ou mulets, y compris le conducteur, deux francs, ci.......... 2 fr.
- Les voyageurs payeront séparément, par tête, le droit dû pour une personne à pied.
- *D'une Charrette chargée, attelée.*
  - D'un seul cheval, mulet, ou deux bœufs, y compris le conducteur, quatre-vingt centimes, ci.......... 80 c.es
  - De deux chevaux, mulets, ou quatre bœufs, y compris le conducteur, un franc vingt centimes, ci... 1 fr. 20 c.es
  - De trois chevaux ou mulets, et le conducteur, deux francs, ci.......... 2 fr.
- *D'une charrette à vide, le cheval et le* conducteur, soixante centimes, ci.......... 60 c.es

Pour une charrette

- Chargée, employée au transport des engrais, ou à la rentrée des récoltes, le cheval ou deux bœufs et le conducteur, soixante centimes, ci.......... 60 c.es
- La même, à vide, le cheval ou deux bœufs et le conducteur, quarante cent.es, ci.. 40 c.es
- Chargée ou non chargée, attelée seulement d'un âne ou d'une ânesse, et le conducteur, quarante centimes, ci.......... 40 c.es

Pour un Charriot de roulage, à 4 Roues.

- Chargé, un cheval et le conducteur un franc, ci.......... 1 fr.
- Chargé, deux chevaux et le conducteur, un franc cinquante centimes, ci.......... 1 fr. 50 c.es
- Chargé, trois chevaux et le conducteur, deux francs, ci.......... 2 fr.
- A vide, attelé d'un seul cheval et le conducteur, soixante-dix centimes, ci.... 70 c.es

Il sera payé par chaque cheval, mulet ou boeuf, excédant les nombres indiqués pour les attelages ci-dessus, comme pour un cheval ou mulet non chargé; et par âne ou ânesse, le droit fixé pour les ânes et ânesses non chargés.

Le Batelier ne pourra être contraint à passer une voiture, charrette ou charriot, se présentant *isolément*, que lorsque le conducteur lui assurera au moins une recette d'*un franc cinquante centimes.*

Le PREFET déterminera le point où les eaux seront réputées hautes, et le *maximum* de la charge ou du nombre des personnes que les bacs ou bateaux pourront recevoir.

Arrêté à Paris, le 5 *Germinal an* 12.

Le Premier Consul, signé BONAPARTE. Par le Premier Consul: *le secrétaire d'état*, signé Hugues. B. Maret.

Pour ampliation: *le Ministre de l'Intérieur*, signé CHAPTAL.

Pour copie conforme: par autorisation, pour le Préfet en congé; *le Conseiller de Préfecture*, J.h ROALDÈS.

Par le Préfet: *le Secrétaire-Général de la Préfecture*, Brunies.

A CAHORS, CHEZ GRENIER ET COMP.e, IMPRIMEURS DE LA PRÉFECTURE.

SUR LES FLEUVES,
LES RIVIÈRES ET LES CANAUX

Le flottage du bois et la navigation des bateaux ont assuré un intense trafic sur la plupart des rivières. Le flottage, en fait, ne représentait qu'une petite portion de ce trafic : certaines rivières, comme le Lot, comptaient plus de soixante-dix digues, barrages ou simples chaussées, représentant autant d'obstacles qui auraient arrêté ou mis en pièces les trains de bois.

Certaines rivières étaient utilisées pour la navigation. Mais « officiellement » seulement, car le Tarn, pour choisir un exemple, bien qu'officiellement navigable sur presque toute sa longueur, n'a été utilisé que de façon fort modeste : pour être réellement navigable, il aurait dû faire l'objet de travaux très onéreux.

Outre les cours d'eau naturels, les bateliers bénéficiaient de voies navigables artificielles ; le canal latéral à la Garonne, notamment, mérite un petit paragraphe pour lui tout seul, compte tenu du progrès qu'il représenta au moment de sa création et de l'activité que sa présence généra.

PAGE DE GAUCHE
[Tarif]
Tarif des bacs du Lot (document Archives de Tarn-et-Garonne).

[Canal]
Une barque sur le canal du Midi. Très proches de la gabare, ces barques étaient tirées par des haleurs, souvent de pauvres hères rivés à leurs cordes. Plus tard, le halage fut l'affaire des bêtes de trait.

La création du canal latéral est une conséquence du percement du canal du Midi, dû à Pierre-Paul de Riquet à la fin du XVIIe siècle. La partie moyenne de la Garonne étant très peu favorable à la navigation, il fallut rendre le trajet des bateaux aussi commode entre Bordeaux et Toulouse qu'il l'était devenu entre Toulouse et Sète, sans quoi l'union commerciale des deux mers ne pouvait être considérée comme complètement réalisée. On résolut, en 1832, de creuser le long du fleuve, entre Castets-en-Dorthe et Toulouse, c'est-à-dire sur la partie de la Garonne qui comportait des obstacles, une voie artificielle qui devait continuer le canal du Midi. Prendre la décision était une chose, la réaliser en fut une autre, puisque le canal devait mesurer 200 kilomètres et avoir un tirant d'eau de 2 mètres.

Le monde des « gens des rivières » est nombreux et fort varié. Il est vrai qu'il faut plusieurs spécialistes pour assembler, fabriquer, maintenir, charger, haler ou diriger les centaines de bateaux qui descendent, pour prendre l'exemple du Sud-Ouest, le Lot, le Tarn, la Baïse ou la Dordogne afin de rejoindre Bordeaux par la Garonne ou son canal latéral. Car, bien sûr, la plupart de bateaux finissaient par arriver à Bordeaux.

Les gens des rivières

Louis XIV sut centraliser l'administration du royaume, en particulier en créant des corps d'inspecteurs dans de nombreux domaines. C'est ainsi que la Généralité de Bordeaux eut droit à son « visiteur et inspecteur général de la navigation des rivières ». Cette création était justifiée : le commerce sur la Garonne était devenu une entreprise qui mobilisait beaucoup de monde.

Les marchands n'avaient d'ailleurs pas attendu l'initiative royale. Dès le XVIe siècle, ils s'étaient organisés en une « bourse des Trois Rivières, Garonne, Tarn et Aveyron ». Cette bourse rémunérait ses propres syndics chargés de la surveillance et de l'entretien des rivières.

Nous voici donc avec une inspection générale. Mais à qui s'adresse-t-elle ?

Aux maîtres de bateaux tout d'abord. Propriétaires de bateaux, ils étaient généralement propriétaires de moulins. Moulins et bateaux étaient souvent en conflit sur les cours d'eaux, mais cela ne gênait pas les grosses fortunes qui les possédaient.

Les mariniers ensuite. Ce n'étaient pas en général des gens faciles. Ils menaient une vie dangereuse, nécessitant courage et adresse. Est-ce ce qui leur donnait le sentiment d'une certaine supériorité sur les terriens ? Ils affirmaient avec

[Canal]
Bateau à vapeur Agen-Bordeaux. La ligne Agen-Bordeaux était à peu près régulière, celle d'Agen à Toulouse n'eut qu'une existence sporadique.

[Passeur]
Avant d'embarquer, les clients doivent s'acquitter de leur prix du passage.

plaisir : « Si vilain sur terre, seigneur sur l'eau je suis ». Ils refusaient avec obstination les travaux agricoles, même en été, lorsque l'étiage interdisait la navigation.

Enfin, à côté d'eux vivait une foule de petites gens, dont la figure la plus pathétique est celle du haleur. La « bricole » en sautoir, ils tiraient sur leurs cordes, amenant les bateaux à la remontée. Arrivés au port, ils ne manquaient de se transformer en débardeurs, ajoutant quelques sous à leurs maigres gains avant de redescendre. Il fallut attendre le XIXe siècle pour remplacer ces malheureux hommes par des bœufs ou des chevaux.

Il serait injuste d'oublier tous ceux auxquels le commerce sur les cours d'eau pouvait amener quelques débouchés, tels que les charpentiers ou les forgerons, ainsi que les cordiers qui utilisaient le chanvre pour le cordage destiné à la batellerie.

Les bacs, les passeurs et leurs tarifs

Voies de passage, les fleuves et les rivières semblent unir les régions en amont et en aval de leur cours. Dans la réalité, s'ils réunissent dans un sens, ils désunissent dans l'autre, car un cours d'eau est toujours une barrière pour ceux qui veulent le traverser.

Sous l'Ancien Régime, les bacs étaient exploités par leurs propriétaires directement ou en fermage. Le plus souvent, le seul souci du passeur était de rentabiliser au mieux son affaire au détriment de l'entretien du bateau ou du respect des règles de sécurité. La commune de Calvignac, dans le Lot, garde le souvenir d'un 1er janvier 1762 où soixante personnes périrent noyées. Le bac sur lequel elles s'étaient embarquées pour assister à l'office dominical à Larnagol, sur l'autre rive – où se trouvait l'église –, trop chargé, s'était retourné.

Après la Révolution, les passages d'eau étant en quelque sorte nationalisés, une réglementation fut appliquée qui devait garantir un service rigoureux et moins dangereux. Outre le bail qu'il devait acquitter à dates fixes (en cela, les services fiscaux n'ont pas beaucoup varié), le passeur était tenu de respecter des règles strictes. Un certain nombre d'entre elles étaient censées protéger l'usager.

C'est ainsi qu'un poteau indicateur, planté sur la rive du contre-halage, portait une marque rouge. En période de hautes eaux, lorsque le niveau de la rivière atteignait cette marque, le tarif pouvait être doublé. Mais si les eaux submergeaient le poteau, il était interdit d'utiliser le bac.

Les bacs portaient une ligne – rouge, elle aussi – peinte sur leurs flancs : il s'agissait de la ligne de flottaison au-delà de laquelle il était interdit de charger du poids supplémentaire.

Les préfets en tournée, les sous-préfets, les maires, les juges et leurs greffiers, les ministres des cultes n'acquittaient aucun péage. Pas plus que les pompiers qui, en cas d'incendie, allaient porter secours d'une rive à l'autre.

Trois pêcheurs bien différents

Des outils fort anciens laissent supposer que la pêche – comme la chasse – est aussi ancienne que l'homme : les hommes préhistoriques imaginèrent de bonne heure les harpons et les hameçons.

Longtemps, la pêche fut libre de toute entrave. Il fallut que les premiers rois la réglementent, et ils s'y employèrent avec minutie : interdiction de pêcher des poissons trop petits, filets fixes ou mobiles n'excédant en longueur ou largeur les deux tiers des cours d'eau, interdiction de les accoler aux écluses, aux barrages ou aux échelles à poissons… Les pénalités en cas de contraventions à ces règlements pouvaient amener le contrevenant très loin : dans les geôles royales par exemple…

D'autres hommes industrieux qui tiraient leurs revenus des cours d'eau s'appelèrent pêcheurs, même s'ils pêchaient du sable ou du sel…

Les pêcheurs de sable

Cette corporation a disparu pour laisser la place à des entreprises équipées de lourdes machines. Le moteur à explosion n'y est pas pour rien.

[Pêcheurs de sable] *Les pêcheurs de sable sur le Tarn.*

[Pêcheurs de sel] *Salies-de-Béarn : les saliniers à l'œuvre.*

[Pêcheurs de sel] *Salies-de-Béarn : l'expédition des sacs.*

Le travail n'était pas facile, et, comme souvent, rétribué au plus bas, ce qui entraînait quelques mécontentements et même une grève régionale en 1905. Après plusieurs réunions entre toutes les parties concernées (les pêcheurs de sable, les charretiers et les entrepreneurs), un accord est trouvé : le sable sera livré 1,50 franc le mètre cube, tant aux entrepreneurs qu'aux particuliers qui iront le prendre à quai.

Cela ne fait guère l'affaire des charretiers, qui trouvent ces prix prohibitifs et menacent, à leur tour, de se mettre en grève… ou d'aller livrer ailleurs. Pour parer au danger des « francs-tireurs », les pêcheurs de sable adressent à Monsieur l'Ingénieur des Ponts et Chaussées une lettre le priant de veiller à ce que les charretiers qui puisent au pont de Cahors soient bien en règle tant pour la redevance à l'État, que pour la quantité demandée ou enlevée par eux. Sait-on jamais ?

Les pêcheurs de sel

Nous prendrons l'exemple de Salies-de-Béarn, dans les Pyrénées-Atlantiques, ville autour de laquelle existe – selon des recherches réalisées après la guerre de 1914 – une trentaine de sources dont la plupart fourniraient des eaux « chargées » : eaux bicarbonatées, sulfureuses, bitumineuses, ferrugineuses, etc. Mais à Salies même, la source exploitée fournit une eau chlorurée sodique, c'est-à-dire chargée de ce sel qui est si nécessaire à la vie.

Le 11 novembre 1587, le règlement concernant la distribution de l'eau salée à Salies-de-Béarn est rédigé par une assemblée de notables, puis transmis sur le « livre noir » (un registre administratif) avant d'être enfermé dans le coffre de la ville. Il commence ainsi : *« La ville de Salies, entre autres biens que Dieu lui a départis en commun, possède comme propre et particulière la fontaine salée qui était, selon la coutume, vidée en foule, d'où il résul-*

[Pêcheurs de sel] *Salies-de-Béarn : le pesage des sacs.*

tait désordre et confusion. » Suit toute une série de décisions qui ont pour but de *« vivre en bonne concorde que tout homme de bien craignant Dieu doit désirer »*.

Ce n'est pas la première fois que l'on réglemente ainsi la distribution de l'eau salée à Salies. En fait, des coutumes ont dû exister depuis que l'on connaît l'existence de la source salée et que l'on a compris l'intérêt d'exploiter ce sel.

Comment se pratiquait l'exploitation du sel ?

Tout d'abord, les habitants de la région prirent le soin d'aménager la cuvette marécageuse qui recevait l'eau salée en un étang facile d'accès. Il fallait également veiller à ce que les eaux douces ne se mélangent pas aux eaux salées. L'étang en question changea plusieurs fois de forme, mais resta toujours un bassin de pierre avec des marches sur lesquelles s'installaient les pêcheurs de sel.

Ces pêcheurs de sel appartiennent à la communauté de Salies, et il est défendu d'employer des étrangers pour tirer l'eau.

À l'appel de la cloche de la maison commune, les *tiradous* se présentent sur les marches du bassin. Le premier jurat leur fait prêter serment de ne prendre que leur portion d'eau. Puis la foule se précipite vers l'eau et chacun emplit son baquet.

Il faut ensuite sortir du bassin, charger son baquet et le porter chez soi. Les va-et-vient entre les maisons et le bassin durent plusieurs heures. On imagine que – compte tenu du grand nombre de personnes, hommes, femmes, enfants – des désordres naissent, nombreux et parfois graves. Cela explique que ce ramassage d'eau salée devait être réglementé.

Un témoin de 1768 raconte : *« On transporte l'eau salée chez les particuliers dans des baquets contenant 52 pots... On la vide dans des réservoirs de brique de 7 à 8 pieds de largeur et plus ou moins longs à mesure que les gens qui façonnent le sel ont plus d'espace ou un plus grand nombre de poêles... »*

La pêche du sel proprement dite commence alors. Dans les temps anciens, on utilise le procédé de l'évaporation en exposant l'eau au grand soleil dans de vastes dalles. La méthode du chauffage de l'eau salée a dû commencer dès l'âge du bronze, c'est-à-dire quinze siècles avant notre ère. Le chauffage de l'eau était d'autant plus aisé que le combustible n'a jamais manqué, la région étant couverte de forêts.

Un observateur relevait en 1768 qu'*« on vide l'eau sur des poêles de plomb, d'une épaisseur d'un pouce (3 centimètres)... On entretient sous ces poêles un feu égal et continuel, ce qui occupe*

[Pêcheurs d'aloses]
La pêche aux aloses à Agen.

une personne nuit et jour… À mesure qu'on voit le sel au fond des poêles, on le tire de l'eau avec un instrument appelé arto *(un banal râteau)… ».*

Le sel ainsi obtenu est parfaitement blanc et n'a pas, contrairement au sel de mer ou au sel gemme, à subir des traitements pour être blanchi.

En 1840, la fabrication est passée au stade industriel, une loi obligeant à exploiter l'eau salée dans un seul établissement avec un équipement conséquent. Il n'y a cependant que quelques dizaines d'années que de nouvelles techniques ont permis de faire cesser le travail épuisant des pêcheurs de sel, que l'on appelait les « galériens du sel »…

Le sel de Salies a fait la réputation des jambons de Bayonne. De tout temps, ces jambons produits dans le Gers, le Béarn et le Pays basque ont été conservés avec le sel de Salies. Quand je dis « de tout temps », je pense à Rabelais qui raconte comment « Grandgousier avait bonne munition de jambons de Bayonne ».

Les pêcheurs d'aloses

Le poisson a tenu – en particulier au Moyen Âge – une grande place dans l'alimentation quotidienne : le carême et les jours maigres étaient alors scrupuleusement respectés. Comment s'étonner que le métier de pêcheur ait eu, en quelque sorte, « pignon sur rivière » ?

Jusqu'au début du XXe siècle, un certain nombre de poissons migrateurs venaient polir leurs écailles sur les galets de la Garonne : les esturgeons, les mulets, les lamproies, les saumons et les aloses.

Les *pescaïres* (pêcheurs) disposaient de moyens variés pour piéger leurs proies : les filets tournants (les *birols*) font circuler deux poches qui déposent le poisson au fond des bateaux ; les grands filets (*semez* ou *escaves*) sont des sortes de chaluts de rivière, tirés à la main par les pêcheurs directement sur la rive, tandis que les *éperviers* sont jetés depuis les bateaux.

Les avis sur l'alose sont partagés : pour certains, c'est un superbe poisson, que d'autres trouvent assez laid. Tout le monde est d'accord pour le pêcher, sa chair étant recherchée, même si elle contient beaucoup de petites arêtes fourchues assez désagréables.

Tout comme le saumon, elle remonte (ou plutôt remontait) les cours d'eau à la recherche de frayères. Dès son entrée en eau douce, elle cesse de s'alimenter : les appâts ne l'intéressent plus, on ne peut donc la pêcher qu'au filet, ce qui explique la grande variété de filets, déjà évoquée.

[Pêcheurs d'aloses]
Le tourniquet du filet aux aloses.

La pêche aux aloses à Moissac, devant le moulin. Deux sortes d'aloses vivent sur les côtes de France : l'alose commune et l'alose finte (ou gate), légèrement plus mince, presque élancée. Ces poissons remontent les cours d'eau au printemps pour frayer et retournent ensuite à la mer. Elles se déplacent en grandes troupes. La pêche se fait au filet. La chair a un goût très particulier et très recherché, bien qu'elle soit remplie d'arêtes. Les œufs sont également excellents.

DOUBLE PAGE SUIVANTE
[Lavandières]
Les lavoirs semblent être le purgatoire des femmes de la Belle Époque. Que de reins douloureux pour un salaire dérisoire ! Le linge mouillé pèse très lourd pour celles qui le ramènent après une journée dans l'eau froide. Il existait une qualité de blancheur dite « grand pré » pour le linge exclusivement séché sur un pré.

[Lavandière]
Lavandière devant son baquet.

[Savonneuse]
Elle suivait les lavandières et faisait commerce de son précieux produit.

La lavandière

Pourquoi la mémoire collective a-t-elle retenu le terme de lavandière et non celui de blanchisseuse pour désigner celles auxquelles incombe la rude tâche de laver ou « blanchir » le linge ? Des souvenirs de folklore un peu naïfs évoquent des images heureuses de jeunes femmes gaies et vigoureuses battant leur linge dans l'eau claire de quelque charmant ruisseau, sous un aimable soleil printanier, dans une atmosphère pleine de gaieté, de rires et de chansons.

Ces images d'Épinal sont bien loin de la réalité. Ne parlons pas des blanchisseries industrielles qui commencent – au milieu du XIXe siècle – à s'installer dans les grandes villes. Le travail y est aussi pénible – sinon plus – qu'en usine : les blanchisseuses sont exposées, été comme hiver, à la buée alcaline, à une humidité constante et à tous les courants d'air.

La plus grande partie du linge est blanchie à la main par les blanchisseuses suivant une méthode quasi ancestrale : la lavandière est agenouillée et courbée devant une petite planche inclinée où elle place le linge, pièce par pièce.

Après l'avoir savonné et tordu pour que le savon pénètre, elle le frappe avec un battoir ou le brosse avec une brosse de chiendent, aussi vigoureusement que possible. Il faut ensuite le rincer.

Toutes ces opérations ont lieu dans l'eau froide, bien sûr…

Dans nos régions, un certain nombre de lavoirs couverts existaient. Ceux qui subsistent témoignent de l'intérêt que portaient les responsables municipaux à atténuer les rigueurs de ce travail essentiellement féminin. Ils portent souvent la trace de l'architecture locale et restent des témoignages importants sur le travail des femmes.

Dans les villes, les maisons bourgeoises voyaient arriver avec régularité leurs lavandières lorsque le rang de la maison évitait d'envoyer la bonne au lavoir. Venait ensuite la lisseuse. C'est l'aimable qualificatif pour désigner la repasseuse. Celle-ci disposait d'une batterie de fers qu'elle mettait directement à chauffer sur le poêle en hiver ou sur un petit réchaud à trépied. D'autres fers contenaient un « lingot », non pas en or (hélas pour la repasseuse), mais en fonte, que l'on mettait directement au four ou au brasier pour l'amener à la bonne température.

Bonny-su
POSTES
REPUBLIQUE FRANÇAISE

oire (Loiret). — Le lavoir dans la Villeneuve

AU COIN DU BOIS

[Chantier]
Approvisionnement de frises pour parquet.

L'histoire de l'homme est intimement liée à celle de la forêt. Un lourd conflit débuta lorsque l'homme voulut se nourrir, se déplacer, se protéger et se chauffer : il usa de violence à l'encontre de son environnement. Violence lorsqu'il voulut se tailler un territoire ; violence lorsqu'il commença à se chauffer, se loger et fondre ses métaux : il ne put y arriver qu'en pillant la forêt.

Le bûcheron

Le bûcheron n'est pas qu'un acteur de cette violence qui se retourne contre nous : il en est à la fois la victime et le témoin.

Témoin, le bûcheron de l'époque romaine qui doit tracer dans les vastes forêts européennes des routes pour l'envahisseur.

Témoin également, le bûcheron du Moyen Âge défrichant pour laisser des champs à l'agriculture. Les religieux, dans la solitude de leurs abbayes, ont bien mesuré l'intérêt de ces défrichements : n'appelle-t-on pas les Templiers les « moines à la hache », à cause de tous leurs travaux de défrichement ?

Témoins, mais victimes dans tous les cas. Car ces hommes qui s'attaquent à la matière vivante ont été de tout temps très mal payés et assez peu considérés. Ils vivent souvent sur les lieux mêmes de leur travail, dans des cabanes de bois grossières à l'abri du rideau d'arbres difficilement pénétrable pour les non-initiés. Ils dorment sur des matelas en ramilles de sapins et passent pour connaître les secrets maléfiques des noires forêts. Tout cela en fait une catégorie bien à part, malgré quelques droits chichement attribués comme le droit d'affouage qui leur permet de faire des fagots destinés à leur propre chauffage.

PAGE DE GAUCHE [Gemmeur]
Le gemmeur, armé de son « hapchot », entaille l'écorce des pins pour que la résine s'écoule dans un pot (coll. José Sainz).

[Bûcherons]
Bûcherons, charbonniers, sabotiers ou ramasseurs de pignons : les forêts sont très habitées.

Le charbonnier

Pour faire le charbon de bois, le charbonnier commençait par faire le bûcheron ! Il lui fallait couper du chêne, du hêtre ou du charme ou, s'il ne trouvait pas mieux, du bouleau. Puis il constituait des fosses appelées *fauldes* qu'il recouvrait d'une couche de terre et de cendres en laissant une ouverture au sommet pour faciliter le tirage. Il y mettait le feu et lorsque la combustion arrivait au point souhaité, il l'étouffait en bouchant le trou du tirage.

Le charbonnier s'active en général en août, septembre ou octobre, époque de l'année où le bois est le plus sec.

Le plus souvent, le charbon est vendu aux forgerons et, là où il s'en trouve, aux fonderies. Inutile de préciser qu'à des lieues autour des fonderies, il ne se trouve plus une forêt digne de ce nom. En Périgord, en 1771, un chroniqueur note que la forge de Monclard « consomme en deux fondages tous les bois de son voisinage, à une lieue à la ronde. Il faut qu'elle attende au moins dix ans sans rien faire, afin de laisser revenir le bois… ».

La meule de fagots appelée la charbonnière peut mettre de huit à quinze jours pour se consumer à l'abri de l'air et donner le charbon de bois.

Quelquefois, le charbonnier glisse dans son tas de bois quelques branches de noisetier qu'il repère au moyen de deux ou trois cailloux ronds. Au moment de récupérer le charbon, il met à l'écart avec soin ce charbon de noisetier pour le remettre à la… guérisseuse. Lorsqu'un malade viendra consulter cette guérisseuse, elle jettera un peu du charbon venu directement de la forêt dans une terrine pleine d'eau… Si le charbon surnage, la guérison est assurée. Dans le cas contraire, il vaut mieux s'adresser à Dieu ou au moins à ses saints…

[Charbonnier]
Formation d'une charbonnière de pins.

[Charbonnier]
Charbonnière avant la mise à feu.

[Charbonnier]
Chantier de carbonisation. Les charbonnières sont remplacées par de vastes récipients métalliques où l'empilage du bois est plus facile et plus rapide.

[Scieurs de long]
Scieurs de long et machine à vapeur. Comme dans d'autres domaines, la vapeur arriva. Les machines à vapeur offraient un meilleur rendement et permettaient de se déplacer tout aussi facilement pour suivre les chantiers de coupe.

Le scieur de long

Les scieurs de long se déplacent au gré des coupes de bois et débitent sur place les grosses pièces afin d'en rendre le transport plus facile.

Ils se déplacent jusque sur les chantiers de coupe, puis, leurs tréteaux installés, ils y hissent l'arbre à scier et vont le transformer en planches ou en poutres.

C'est parfois sur le chantier même d'une construction qu'ils posent leurs outils. Celui qui veut faire construire sa maison ou sa grange peut alors faire scier un arbre selon les mesures qu'il exigera. Souvent, ce constructeur a choisi et stocké son arbre depuis longtemps, coupé sur ses propres terres.

Après l'avoir équarri à coups de haches, les scieurs se mettent à l'ouvrage. La scie est lourde et elle doit « filer droit » si on veut garder l'épaisseur des planches égale.

Dans le Midi, les scieurs s'équipent d'une scie à cadre. La lame est montée dans un cadre rigide en bois. Deux hommes en bas, un seul en haut, c'est logique puisque les dents de la scie sont orientées

[Résiniers]
Les résiniers mettent la résine en barriques.

de telle sorte qu'elles ne travaillent que pendant la descente.

Les scieurs arrivent à donner trente coups de scie par minute en « faisant courir » la lame sur 80 centimètres. On arrive ainsi à débiter un mètre de bois à l'heure.

D'autres scieurs utilisent la scie à cran, sans armature de bois, à cause de sa légèreté.

Le résinier

Comme le bûcheron et le charbonnier, le résinier est un homme des bois qui tire ses ressources de la forêt – mais d'une forêt bien vivante et d'arbres bien en pied. Commencé vers 1857, le reboisement de la forêt des Landes offrit de nouveaux débouchés aux gens de cette région qui abandonnèrent l'élevage pour se tourner vers le bois et ses dérivés.

Ce n'est que dans les années 1900 que la forêt fut réellement rentable.

La résine s'écoule naturellement des pins dans lesquels on incise une « care » (entaille) à l'aide du « hapchot » – sorte de pic – suivant certaines règles. Cette opération s'appelle le « gemmage » ou « résinage ».

La résine s'écoule alors à l'air libre et est recueillie dans de petits pots de terre. Ces derniers sont vidés régulièrement et la résine est récoltée dans des barils.

La résine purifiée devient essence de térébenthine et entre dans la composition de nombreux produits : encre d'imprimerie, vernis, cires, colles, colorants, baumes, mastics, etc.

Le mode de vie du résinier est semblable à celui de tous les hommes de la forêt : frugalité, logis rustique… Et son isolement en fait souvent une sorte d'original aux pouvoirs étranges qu'il vaut mieux éviter…

La récolte du pignon

Les produits de synthèse qu'offre la chimie aujourd'hui nous font oublier que l'homme a toujours su tirer parti des produits naturels, souvent avec beaucoup d'intelligence.

Le pin est connu pour son bois de moyenne qualité, mais nous a offert bien d'autres choses. Les bourgeons de pin étaient à la base de préparations pharmaceutiques pour soigner les bronches, les aiguilles de certaines essences de pins servaient souvent à préparer une décoction : l'essence de pin. Son écorce fournissait la « laine de forêt », avec laquelle on fabriquait les étoffes pour la médecine ou la chirurgie. Le pignon, enfin, donnait des extraits utilisés en pâtisserie. Sa récolte exigeait de la main-d'œuvre et l'utilisation d'un tamis particulier.

[Pignon]
La récolte du pignon.

[Bûchetiers]
Bûchetiers landais.

Le bûchetier

Plus modeste encore que le bûcheron ou le scieur de long, le bûchetier vivait des « restes » des coupes. Rien ne se perdait : une bonne leçon pour nous, enfants de l'ère de l'objet jetable !

Les branches inutilisables pour la menuiserie étaient récupérées et soigneusement conditionnées. Tout l'art du bûchetier résidait dans la confection de ces petits ballots de bûches conformes à la taille des gueules des poêles. Les citadins allaient les acquérir sur les marchés et chez l'épicier.

Le bûchetier liait ses paquets de bûchettes bien proprement à l'intention des citadins ne possédant que des poêles de petites tailles. Le monde des campagnes, lui, ne s'inquiétait pas de telles délicatesses. Le fagot de bois, vite ficelé, suffisait à alimenter de vastes cheminées. L'aïeul (ou l'aïeule), lorsqu'il lui restait un peu de vigueur, était chargé de composer ce fagot et profitait de la « corvée » pour papoter avec quelques voisins.

[Fagots] *Le bois de chauffage issu de petites parcelles proches du village se transportait assez facilement. Des vieilles dames se chargeaient de quelques fagots et profitaient de la « corvée » pour papoter.*

[Le transport du bois] *Les forêts n'étaient pas, au XIXe siècle, les contrées les plus accessibles. Des roues de chariot sont spécialement fabriquées pour les chemins défoncés et les lourdes charges. On attelle des bœufs, certes plus lents que les chevaux, mais plus prudents, et on attend l'hiver pour que le sol soit dur pour rouler.*

494. EN BEAUCE — Le Moulin

LES MEUNIERS ET LEURS MOULINS

La force humaine ne suffisant pas pour accomplir toutes les besognes nécessaires à la vie quotidienne, l'homme s'est ingénié à tirer parti de la force du vent et de l'eau.

Qu'ils soient à eau ou à vent, les moulins sont souvent bâtis dans des endroits isolés. Pourquoi bâtir sa maison dans un endroit venté si ce n'est par forte nécessité ? Ce nécessaire isolement du meunier n'est pas toujours compris et le rend un peu suspect.

Le travail du moulin est, en outre, un travail de transformation. Le meunier rend de la farine à celui qui lui porte du blé ou de l'huile à celui qui lui porte des cerneaux de noix. Comment être sûr qu'il vous rend bien tout votre dû ?

[Meunier] *Visite du meunier à domicile : cela vaut bien un petit verre !*

Isolement et soupçon ont fait du meunier la cible de nombreuses railleries et moqueries que l'on retrouve même dans des devinettes à l'usage des enfants diffusées par les almanachs que vendaient les colporteurs, telle celle-ci :

Qu'est-ce qui prend chaque matin
Un voleur au col ?
La chemise du meunier !

Et ne dit-on pas qu'il n'y a qu'un seul meunier au paradis ? Et encore, il y serait rentré en fraude !

Le moulin à vent

Le meunier est toujours un homme robuste : ne doit-il pas être capable de travailler de jour comme de nuit ? Le vent, lorsqu'il souffle, ne choisit pas son heure. Le meunier respire un air chargé de poussières de farine et le saignement de nez chronique est, par ailleurs, une maladie propre aux meuniers.

En outre, il manipule des sacs de farine ou de grains souvent très lourds. On le voit, nous sommes loin d'une imagerie populaire où le meunier, homme cossu, passe souvent pour un parvenu, une espèce particulière de rentier qui se contente de regarder tourner les ailes de son moulin.

Le personnel d'un petit moulin se compose, outre le propriétaire, d'un garde-moulin, lequel, malgré son titre avantageux, s'occupe de tout le travail : criblage, mélange et mise en sac. Il doit également savoir rhabiller les meules, tâche fort délicate qui consiste en une sorte de rectification des meules et dont dépendent la qualité et la finesse des moutures.

La mouture française, réalisée avec des meules de 2 mètres environ, consiste à broyer le grain

PAGE DE GAUCHE
[Moulin à vent]
Tous les moulins à vent ont deux entrées : une porte au nord, une autre au sud. Mais une seule clef ! De cette manière, seule reste accessible la porte qui n'est pas sous les ailes. On limite ainsi habilement le risque d'être heurté par l'extrémité d'une aile en mouvement.

[Moulin à vent]
On aperçoit à la fenêtre le meunier « sans souci » avec son bonnet blanc.
Le meunier « sans souci » a coiffé son bonnet blanc pour que nous le reconnaissions bien.

en le faisant passer à cinq ou six reprises dans le moulin et en rapprochant les meules à chaque fois. Entre chaque opération, le grain broyé était passé dans le bluteau d'où l'on séparait la farine des gruaux. On obtenait ainsi des farines blanches de première qualité, des farines « bises » et enfin des « issues » ou recoupes (en réalité, ce que l'on appelle le son).

[Moulin de rivière]
Le moulin de Cougnaguet, à Calès dans le Lot, et sa pierre gravée (ci-dessous). Gravée dans la pierre, cette inscription rappelle que le 19 juillet 1778, les moines cisterciens vendirent leur moulin fortifié à un certain Monsieur Estieu. Le moulin resta dans les mains de la même famille jusqu'en 1990 et ses actuels propriétaires font le nécessaire pour qu'il reste en parfait état de fonctionnement.

Le moulin de rivière

Les moulins de rivière ont longtemps été des moulins embarqués. Solidement retenus, ils pouvaient être mis à l'abri en cas de crue. Puis l'on pensa à construire des petits édifices en bordure des rivières en canalisant le courant pour mieux l'utiliser. Aujourd'hui, quelques vestiges sont encore entretenus pour leur charme et leur pittoresque. C'est le cas à Cougnaguet dans le Lot. La plupart de ces moulins ne tournent plus car ils ont cédé, dans les années 1950, leur « droit de moudre » à des sociétés minotières qui exploitent de véritables usines à moudre.

Le nombre des moulins en activité s'est rapidement amenuisé avec l'apparition des grands établissements de minoterie. Des cordes arrivent de la mécanique au sommet jusqu'à la couche du meunier qui peut ainsi, sans être obligé de se relever en pleine nuit, actionner les commandes de la mécanique. Savez-vous pourquoi les meuniers payaient une patente plus élevée que les autres artisans ? Parce qu'il était admis qu'ils « usaient la route » avec leurs lourds chargements. Pour alimenter leur moulin, certains meuniers étaient astreints à une tournée quotidienne. Dans ce cas, il gardait pour lui le dixième de la farine. Lorsque le client ramenait lui-même sa farine, la commission du meunier n'était plus que le vingtième.

[Moulin de rivière] *Les meules et le meunier piquant les meules dans les Landes au début du XXe siècle. Les meules en pierre, dont le poids frise une tonne et demie, sont régulièrement levées afin d'être « piquées » (aujourd'hui, on dirait sûrement : rectifiées). Pas question, en effet, de laisser le moindre jeu dysharmonique, même – et surtout – si, grâce à un système compliqué de poulies et de contrepoids, on peut régler l'écartement des meules pour obtenir une mouture de plus en plus fine.*

[Moulin à huile] *Le meunier et la farine du moulin de Cougnaguet. À l'aide d'une pelle spéciale, la « main », le meunier récupère dans les bacs la mouture afin de la tamiser. Au premier tamisage, on obtient la « fleur », au deuxième passage la farine ordinaire, puis, au troisième passage, une farine de moins bonne qualité : la « repasse ». Il ne reste plus que le son.*

[Moulins] *Un moulin dans le Gers (en haut) et un dans les Landes, en bois (en bas). En Armagnac et en Gascogne, les moulins sont souvent équipés d'un pont-digue, construction particulière à la région et qui semble être le résultat d'un souci seigneurial de simplifier et de rentabiliser son administration : le péage des marchandises (donc des grains) se trouvait dans le même lieu que la « banalité » du moulin.*

[Moulin à huile]

1. *Les cerneaux de noix sont étalés sur le moulin à écraser…*

2. *La pâte est ensuite cuite…*

3. *… puis pressée par un piston et recueillie dans des bocaux.*

4. *Ces pains de noix, le « retroulhat », sont récupérés à la fin du pressage, puis de nouveau pressés, et servent à l'éclairage.*

Le moulin à huile

Dans son huilerie familiale, au milieu de la « noiseraie » de Martel, dans le Lot, Monsieur Castagné à longtemps produit de l'huile de noix comme l'ont fait avant lui son père et son grand-père.

Avec quelques autres moulins à huile rescapés du progrès, il maintient une tradition qui faisait vivre environ trois cents personnes au XIXe siècle dans le Quercy. Dans son moulin sont installés les trois organes indispensables à l'obtention de l'huile de noix :

- le moulin à écraser ;
- la poêle à chauffer ;
- le pressoir.

Seule concession au progrès : un moteur électrique, qui actionne les meules à la place du petit âne que l'on utilisait autrefois.

La toute première opération est le dénoisillage. Il s'agit tout simplement de briser la coquille et d'isoler le cerneau. Tout le monde est à l'ouvrage ! Ce peut être l'huilier qui réalise cette opération, mais aussi le client qui va lui apporter sa propre récolte dénoisillée.

Ensuite, une ou deux dizaines de kilos de cerneaux sont étalées sur le moulin à écraser. La meule verticale est mise en action pour une demi-heure afin d'obtenir une pâte assez homogène. Les

[Dénoisillage]
Le dénoisillage (ou énoisage), opération qui consiste à séparer le fruit de sa coque. Il ne reste plus alors qu'à trier les cerneaux.

cerneaux qui voudraient s'échapper du bassin sont soigneusement ramenés à l'intérieur pour ne rien laisser perdre.

Mise dans la poêle, la pâte est cuite avec soin : trop de chaleur risque de donner à l'huile un goût trop rude. Là intervient l'expérience de l'huilier qui agite sa raclette pour que la pâte ne prenne pas au fond de la poêle et ne soit perdue.

La pâte, une fois cuite à point, est disposée dans un sac spécial que l'on place dans le cylindre où va s'enfoncer la presse. Pendant le quart d'heure que dure le pressage, l'huile s'écoule et est récupérée avec soin.

Enfin, on peut récupérer dans le piston un tourteau de pâte pressée que l'on stocke ou que l'on casse pour repasser la pâte sous la meule avec les cerneaux trop abîmés ou moisis. On peut alors effectuer un second passage qui donnera le « retroulhat », c'est-à-dire une huile de qualité médiocre réservée à l'éclairage.

Un dernier détail, intéressant à notre époque du « tout allégé » : l'huile de noix serait recommandée aux personnes souffrant du cholestérol.

Pour obtenir 2 litres d'huile, il faut environ 5 kg de cerneaux, c'est-à-dire 10 kg de noix. À propos de noix, une anecdote : autrefois, certaines fermes avaient une domesticité nombreuse et les maîtres veillaient à ce que le temps ne soit pas perdu. Comment éviter que l'on bavarde ou que l'on perde du temps le soir au moment du coucher ? Tout simplement : le maître remettait à ses domestiques un cerneau qu'il allumait et piquait au bout d'une baguette : ainsi muni, le domestique avait exactement trois minutes de lumière. Le cerneau de noix, qui contient 50 % d'huile, se consume en trois minutes en donnant une petite flamme fumeuse.

Le fournier

Pourquoi ne pas dire un mot des fours à pain, plus nombreux peut-être que les moulins, et qui ont subi le même sort ?

Les fourniers purent espérer pendant la Seconde Guerre : les fours à pain avaient retrouvé un peu de vie. Remis en service pour cause de restrictions, ils furent oubliés aussitôt que la pénurie disparut.

Il fallait quatre ou cinq fagots pour amener un four à bonne température. Ma grand-mère m'a souvent raconté comment se passait la journée du pain, lorsqu'elle était enfant, dans son village natal. *« Il y avait un homme préposé au four communal. On l'appelait Coquelet, tu vas comprendre pourquoi. Lorsqu'il arrivait au four, avant de le nettoyer et d'y glisser les fagots pour le réchauffer, il donnait un coup de corne qui s'entendait dans tout le village. Aussitôt, les femmes qui n'avaient pas encore commencé à préparer leur pâte, s'y mettaient, sinon elles n'auraient pas le temps de la faire reposer suffisamment et le pain n'aurait pas levé comme il faut.*

Deux heures après, le Coquelet avertissait par deux coups de trompe qu'il mettait son cinquième fagot à brûler et que le four serait bientôt chaud. La pâte était alors découpée en boules, saupoudrées de farine. Chaque famille faisait une marque pour reconnaître ses pains après la cuisson. Il n'était pas question de confondre les pains ! Mon père avait fait, pour cela, confectionner une marque en bois avec nos initiales. Nous les gravions en relief sur les boules.

Le Coquelet donnait alors trois coups de corne qui signifiaient : "le four est chaud. Pressez-vous." Toutes les femmes du village accouraient en portant leurs paillasses garnies de linge blanc sur lequel reposaient les boules de pâte. Souvent, elles venaient juste de terminer le pétrissage et elles avaient un peu transpiré. Pour avoir un peu moins chaud, elles avaient dégrafé quelques boutons de leurs chemises laissant voir un peu de linge. Alors, l'employé du four, que la vue de ces bras blancs et de ces épaules rondes émoustillait, leur faisait des compliments. Il bombait le torse et rejetait la tête en arrière à la manière d'un petit coq. C'est pour cela qu'on l'appelait le Coquelet.

Les pains étaient souvent couverts de cendre après la cuisson. Mon père disait que c'était bon pour la santé, et même qu'il fallait en manger trois sacs dans une vie. Alors un peu chaque jour suffisait. Après tout, on faisait bien la lessive avec de la cendre. »

[Le four]
Le four était le rendez-vous de tout le village. Sur la porte de celui-ci, on arrive à déchiffrer l'inscription : « Ce four est la propriété de tout le village ».

Les Arts
COMMERCE
INDUSTRIE
PROGRES
TRAVAIL
10 février 1903
Tous mes vœux de bonne
fête pour toi et mes
meilleurs baisers pour tous
Louison

QUELQUES TRACES
DE LA GRANDE INDUSTRIE

L'industrie serait-elle née avec l'homme ? Sûrement, si l'on accepte l'idée que l'homme sut assez rapidement adapter les objets environnants à son usage. Mais il n'y a d'industrie proprement dite que lorsque les hommes, au lieu d'exercer tous les métiers utiles à leur survie, se spécialisent pour ne réaliser qu'un objet, pour ne réaliser parfois qu'un seul geste parmi les dizaines nécessaires à la réalisation de cet objet.

Le *Nouveau dictionnaire d'économie politique,* édité au début du XXe siècle, divisait l'industrie en cinq groupes :

- l'industrie extractive, telles les mines ou les carrières, mais aussi la pêche ou la chasse ;
- l'industrie agricole, c'est-à-dire la culture et l'élevage ;
- les industries manufacturières, formant l'« industrie » au sens propre ;
- l'industrie commerciale ;
- enfin, les industries des transports : fleuves, rivières, canaux, mers, routes, voies ferrées, etc.

Le recensement de 1891 dénombre 17 millions de personnes vivant de l'agriculture ; 9 millions vivent de l'industrie, 4 millions du commerce, tandis que 2 millions de Français vivent de… leurs rentes !

À la fin du XIXe siècle, environ un quart des Français vit donc de l'industrie, dans un pays qui passe pour être essentiellement agricole. Cela s'explique lorsque l'on sait que les voies ferrées sont passées de 400 km en 1840 à 38 000 en 1892 ; que, dans le même temps, 130 000 hommes ont pris le chemin de la mine, la production de fonte ayant été multipliée par six, celle du fer par sept, ainsi que celle de la houille.

Déjà des voix s'élèvent pour s'inquiéter : les changements sont trop profonds, trop rapides. La classe ouvrière ne peut en tirer que des souffrances. Les conséquences de la concurrence ne vont-elles pas léser les intérêts de chacun ?

[Hauts-fourneaux] *Les hauts-fourneaux de Saint-Juéry, dans le Tarn.*

[Mineurs]
Intérieur des mines de Cransac, où l'on extrayait du charbon.

Les mineurs

Parlera-t-on, à propos du XXe, du siècle du nucléaire ? Peut-être... Il n'est cependant pas sûr que nous en gardions le même souvenir que celui laissé par la grande épopée du charbon. Car, si les mines de charbon ont parfois eu leurs drames, elles ont laissé une mythologie à la gloire des « gueules noires », les courageux et opiniâtres mineurs.

Des mines, il y en eut partout où l'on espérait trouver du charbon. Certaines sont fermées depuis peu, d'autres fonctionnent encore, mais pour combien de temps ?

Un certain nombre de ces mines ne vivent plus que dans le souvenir des anciens : elles ont pratiquement disparu, si l'on excepte quelques vestiges qui émergent au détour d'un taillis.

La mine de Saint-Perdoux, dans le Lot, est de celles-là. Connu depuis le XVIIIe siècle, le gisement était exploité par les gens du cru pour leurs besoins personnels selon une méthode artisanale que l'on peut qualifier de « terriers à renards » : aux endroits où affleurait le charbon, on creusait une galerie rudimentaire, très basse (elle faisait à peine une soixantaine de centimètres de hauteur) et étayée de cadres de châtaigniers. Pas d'équipement, pas de casque, une simple lampe à huile et une pioche, et le piqueur, à plat ventre ou couché sur le côté, creusait. Il repoussait ensuite des pieds et des mains le charbon arraché à la veine jusqu'à une caisse qui était tirée vers l'extérieur.

Les quantités de charbon extraites d'une manière aussi précaire n'étaient jamais importantes et servaient à l'usage domestique ou pour les forgerons.

Dans les années 1850, le charbon devint un élément indispensable de la révolution industrielle, des sociétés se créèrent. C'est ainsi que la Compagnie des Charbonnages de Figeac vit le jour. Cette modeste société n'hésita pas à faire d'importants investissements, comme ce petit train qui amenait le charbon jusqu'à l'usine de triage de Viazac. En 1910, les effectifs se situaient aux alentours de 250 personnes en comptant les employés de l'usine de triage. Pendant la Seconde Guerre mondiale, les restrictions aidant, on comptait encore une centaine d'ouvriers à Saint-Perdoux, dans le Lot, un département qui n'a pas de culture minière.

Aujourd'hui, ne subsistent plus que quelques légendes, des ronces qui murent les entrées des galeries et des collectionneurs qui s'égarent un dimanche à la recherche de quelques fossiles...

[Fours] *Four à coke à récupération.*
[Aciéries] *Mine de Cransac.*

[Salaires]
Salaires par groupes d'industrie en 1840, 1860, 1891 dans l'ensemble des départements (ville de Paris exceptée).

GROUPES D'INDUSTRIES	SALAIRE MOYEN OU ORDINAIRE (par jour) — DES OUVRIERS			DES OUVRIÈRES		
	Enquête 1840-45	Enquête 1861-65	Enquête 1891-93	Enquête 1840-45	Enquête 1861-65	Enquête 1891-93
	fr. c.	fr. c.	fr. c.	fr. c.	fr. c.	fr. c.
Industries extractives (mines et carrières)	1 95	2 30	4 10	0 85	1 10	1 60
Industries de l'alimentation	1 90	2 10	3 65	1 05	0 95	2 00
Industries chimiques	2 15	2 20	3 70	1 10	1 15	1 85
Industries du papier et du livre (sciences, lettres, arts)	2 05	2 50	4 00	1 00	1 10	2 10
Cuirs et peaux	2 00	2 20	3 70	1 00	1 10	2 10
Industries textiles	1 90	2 05	3 45	1 00	0 95	2 10
Vêtement (habillement et toilette)	»	2 25	3 60	»	1 10	1 90
Gros ouvrages en bois (industries du bois)	1 85	2 40	3 75	0 80	1 15	1 90
Ebénisterie (ameublement)	»	2 50	3 65	»	1 20	1 55
Travail des métaux	2 40	2 75	4 20	1 00	1 20	1 75
Construction en pierre (bâtiment)	2 00	2 05	3 60	0 85	1 10	1 15
Travail des pierres et terres au feu (céramique, verrerie)	1 90	2 15	4 00	0 90	1 05	1 95
Ensemble des industries atteintes par les enquêtes (non compris les transports)	2 07	2 76	4 00	1 02	1 30	2 20

Les salaires et le prix du pain

Déjà saisie par la manie des statistiques, l'administration publiait volontiers le résultat de ses enquêtes et de ses recherches. C'est ainsi que l'Office du travail livrait en 1893 un tableau éloquent sur les salaires par groupes d'industrie, comparant les chiffres de 1893 avec ceux d'enquêtes précédentes réalisées en 1840 et 1860.

Est-il nécessaire de relever qu'une ouvrière gagnait exactement la moitié du salaire d'un ouvrier ?

Les mineurs semblent les mieux rémunérés, mais de quelques dizaines de centimes seulement. Suivis de près par les verriers et les ouvriers du cuir.

[Prix]
Prix des denrées pendant la même période.

DENRÉES	QUANTITÉS	PRIX UNITAIRES en 1849-53	PRIX UNITAIRES en 1893	DÉPENSE en 1849-53	DÉPENSE en 1893
Pain 1re qualité	1.000	0.36	0.274	360	548
Pain 2e qualité	1.000	0.30		300	
Bœuf	60	0.82	1.241	49	74
Mouton	15	0.88	1.313	13	20
Veau	20	0.86	1.313	17	26
Porc	40	1.00	1.429	40	57
Beurre	40	1.60	2.488	64	100
Œufs	60	0.47	0.853	28	51
Pommes de terre	11	5.66	8.50	62	93
Vin	300	0.37	0.41	111	123
TOTAUX	»	»	»	1.044	1.092

Ces chiffres n'auraient que peu de valeur en eux-mêmes si le même Office du travail ne publiait également une sorte d'indice des prix. Le prix du pain a baissé, mais tous les autres sans exception ont augmenté entre 1850 et 1893, passant parfois du simple au double. Le prix des loyers, lui, aurait triplé en cinquante ans sans que l'on sache si les conditions d'hygiène et de confort avaient évolué favorablement.

Le livret d'ouvrier

Voici une institution fort ancienne, puisque le livret d'ouvrier fut rendu obligatoire en 1781. Un moment oublié à la Révolution, il fut restauré sous le Consulat.

Les premières pages portaient les nom, prénom, date et lieu de naissance de l'ouvrier, ainsi que sa profession. Sur les pages suivantes, chaque patron successif devait mentionner les dates de début et de fin d'embauche. En principe, aucune mention favorable ou défavorable au détenteur du carnet ne devait figurer ; cependant le patron avait la possibilité d'inscrire quelques annotations telles que les avances consenties sur le salaire.

Une telle mention n'était pas toujours innocente. Souvent à court d'argent, l'ouvrier se faisait remettre des acomptes. C'est ainsi que l'on

[Aciéries] *Aciéries et forges de Saint-Étienne.*
[Verrerie] *Verrerie de Carmaux : travail à la machine.*

[Usine]
Fabrication de bas à l'usine Gérard Ferbeyre et Cie à Lamagistère, dans le Tarn-et-Garonne.

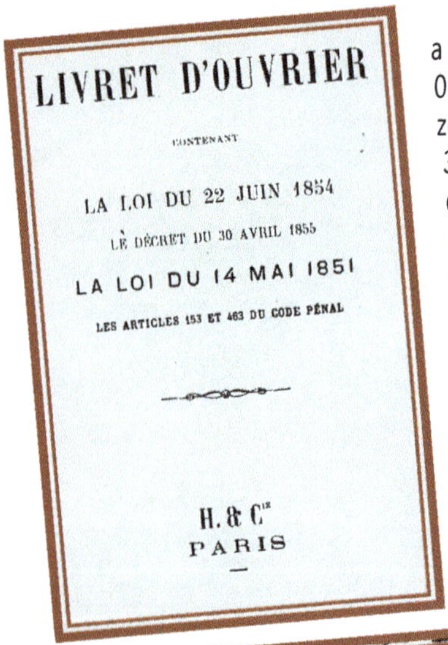
LIVRET D'OUVRIER

CONTENANT

LA LOI DU 22 JUIN 1854

LE DÉCRET DU 30 AVRIL 1855

LA LOI DU 14 MAI 1851

LES ARTICLES 153 ET 463 DU CODE PÉNAL

H. & Cie
PARIS

a pu voir des ouvrières gagnant 0,40 franc (oui, j'ai bien écrit zéro) par jour, recevoir jusqu'à 300 francs d'avance. De telles dettes les rendaient taillables et corvéables à merci. Le livret était déposé entre les mains du patron qui avait toute latitude pour en refuser la restitution tant que son titulaire n'était pas libéré de sa dette. C'était le « droit de détention du livret », dont certains patrons abusaient systématiquement. Il existait là un moyen de contrainte très ferme contre les ouvriers puisque tous les autres ateliers leur étaient fermés tant qu'ils n'étaient pas en possession de leur livret.

En outre, le livret était un moyen de contrôle très efficace. L'employeur devait faire viser le livret dans les 24 heures suivant l'embauche par le commissaire de police. Un ouvrier voyageant sans livret pouvait être arrêté comme vagabond ! Il s'agissait presque d'un passeport pour l'emploi, mais quel passeport !

Ce côté policier exaspérait les ouvriers et il devint vite impopulaire, bien que le patronat assouplît sa position en restituant systématiquement leur livret aux ouvriers qui voulaient partir. Même la police et les magistrats, se rendant compte que leurs sanctions n'avaient d'autres effets que de blesser le monde ouvrier, devinrent plus tolérants. Finalement, le livret obligatoire fut supprimé en 1881 pour les adultes (pas pour les apprentis) et les patrons s'en consolèrent vite. Ils avaient fini par comprendre qu'il y avait souvent plus d'inconvénients que d'avantages à retenir malgré lui un ouvrier dans un atelier qui ne lui convenait pas.

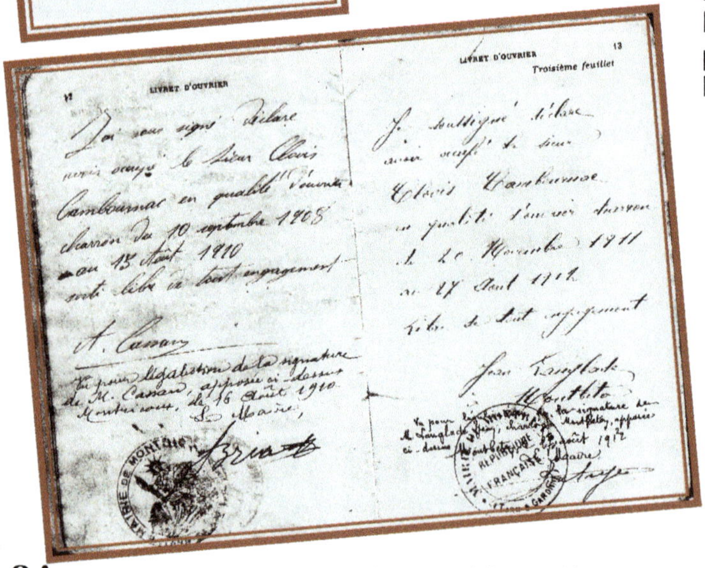
12 LIVRET D'OUVRIER

LIVRET D'OUVRIER 13
Troisième feuillet

Premières pages d'un livret d'ouvrier.

[Mineurs] *Lens. Entrée des ouvriers dans la fosse n° 4.*
[Trieuses] *Les trieuses de charbon de Montceau-les-Mines posent pour la photo.*

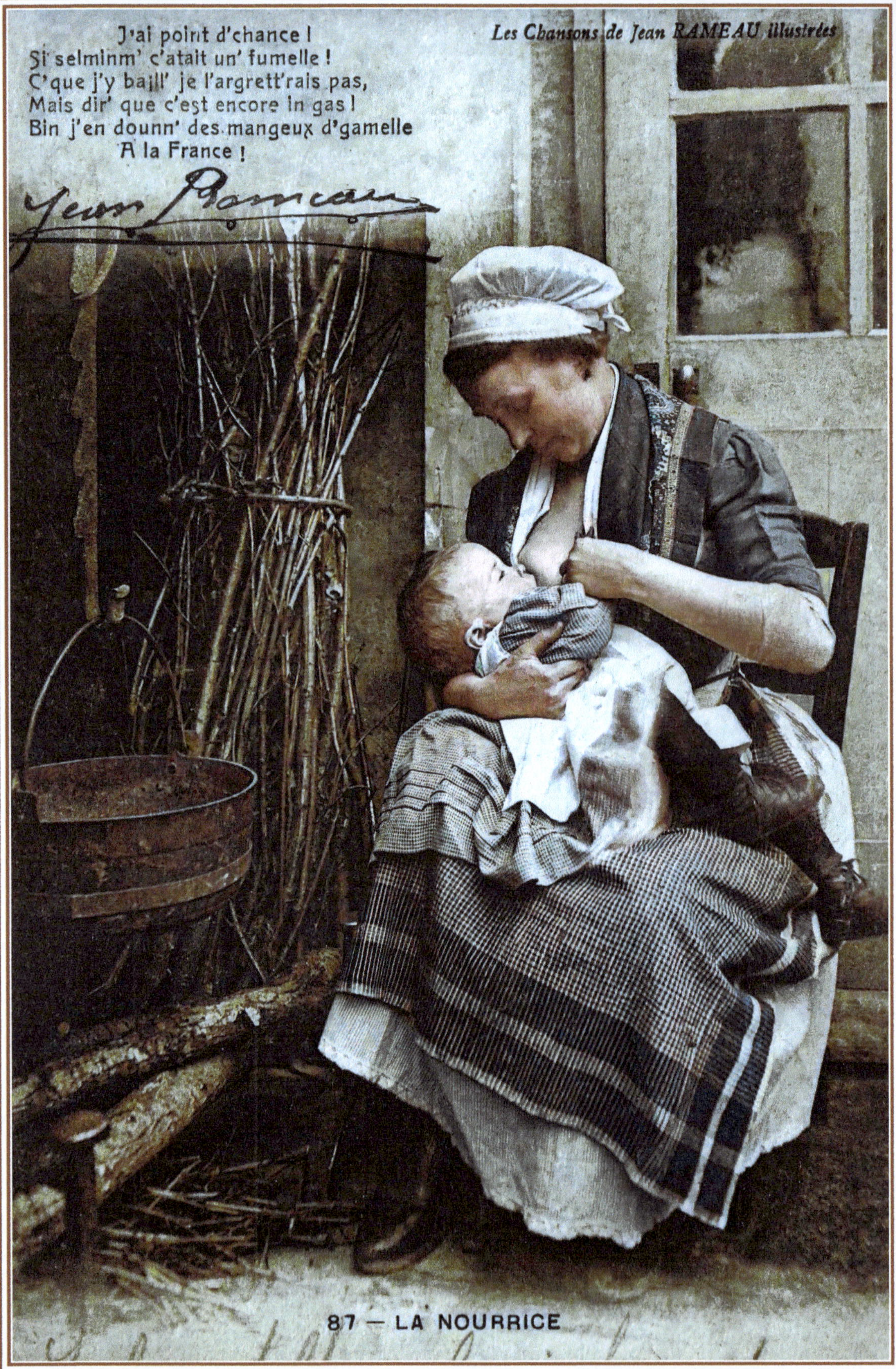
Les Chansons de Jean RAMEAU illustrées
J'ai point d'chance !
Si selminm' c'atait un' fumelle !
C'que j'y baill' je l'argrett'rais pas,
Mais dir' que c'est encore in gas !
Bin j'en dounn' des mangeux d'gamelle
A la France !
Jean Rameau
87 — LA NOURRICE

LES DOMESTIQUES

Un domestique est une personne payée pour le service de la maison ; c'est du moins ce qu'affirme le dictionnaire en 1900. Le terme de domestique ne comportait pas toujours une acception servile ou même péjorative : il y eut une domesticité noble. C'est ainsi que les familles aristocratiques vivaient comme un honneur d'être choisies pour passer la chemise au roi au moment de son réveil ou pour tenir sa serviette quand il se mettait à table.

Au Grand Siècle, sous le règne du Roi Soleil, on employait pour la maison des enfants que la situation matérielle de leur famille obligeait à travailler. En règle générale, ils étaient bien traités et partageaient la vie de leurs maîtres qui veillaient sur leur éducation et étaient responsables de leur établissement dans la vie adulte.

C'est vers cette époque que les domestiques « se louèrent » et devinrent dépendants de leurs maîtres dans tous les domaines. Si quelques-uns se montrèrent de « bons maîtres », il s'en trouva une proportion non négligeable qui méprisait leurs serviteurs, limitant leurs engagements à leurs salaires et à rien d'autre, si ce n'est l'obligation de toujours exiger le maximum de travail.

Le Code du travail s'est efforcé de donner quelques garanties assurant un minimum de liberté et de droits aux gens qui se louaient, mais dans l'ensemble, la profession de domestique est au début du XXe siècle peu relevée. Encore faut-il faire la différence entre les domestiques des villes et ceux travaillant à la campagne.

À la campagne – au moins dans les petites exploitations –, les domestiques qui partagent les travaux de leurs maîtres, mangent à leur table, sont presque sur un pied d'égalité avec eux. La rémunération est en général très faible, mais les agriculteurs s'intéressent à leurs employés et n'hésitent pas à les faire soigner s'ils sont malades. Ces bonnes dispositions ne font pas oublier de sordides histoires de domestiques floués, de jeunes femmes abusées.

PAGE DE GAUCHE
[Nourrice]
La nourrice par les Chansons de Jean Rameau illustrées.

[Domestique]
Départ pour le marché : la domestique avec son balai et la nourrice avec son bébé restent à la maison.

[Servante]
La louée de servantes.

La composition a été réalisée pour le photographe : les rosiers grimpent au mur et les costumes sont d'une netteté impeccable. Mais les ballots qu'amènent les servantes semblent bien légers… Dans nos régions, essentiellement rurales, c'est la domesticité agricole qui domine. Elle a ses coutumes : on quitte un maître à la Saint-Jean pour se relouer à un autre.

En ville, la situation est moins simple : la présence ou non de domestiques donne un rang à la maison et n'importe quel couple s'imaginant un peu parvenu tient à se faire servir. Le logement peut varier du correct au pire : depuis la chambre sous les toits, étouffante en été, glaciale en hiver, jusqu'à un simple canapé dans le salon où la « bonne » se couche lorsque tout le monde est au lit et se lève avant toute la maison… Nombre d'auteurs ont décrit bien mieux que je ne pourrais le faire la condition de ces jeunes femmes parties de leurs campagnes et soumises au bon vouloir de maîtres, dont le « droit de cuissage » n'est pas rare.

Les rapports entre les domestiques et leurs maîtres n'étaient pas toujours des plus détendus. En guise de témoignage, cette petite histoire édifiante que l'on pouvait lire dans un almanach des années 1900 : le professeur B., célèbre écrivain, n'était pas très généreux à l'égard des domestiques. Mais un jour, il reçut une bonne leçon d'un garçon qui, souvent, lui portait des lièvres, des perdrix et autres gibiers. Cet homme arrive avec un panier contenant du poisson, des fruits et du gibier. Il frappe à la porte et par hasard, le professeur ouvre lui-même.

– Voilà, dit le serviteur d'un ton brusque, ce que mon maître vous envoie, prenez-le si vous le voulez.

B., froissé des rudes manières du garçon, lui dit :

– Venez ici, jeune homme, que je vous enseigne la manière de délivrer un message un peu plus poliment. Figurez-vous être le professeur B., et que je sois vous-même.

Ôtant son chapeau très poliment, et, s'adressant au domestique, il dit :

– Monsieur mon maître vous envoie ce petit présent et vous prie de bien vouloir lui faire l'honneur de l'accepter.

– Oh ! Très bien, mon ami, répondit le serviteur ; dites à votre maître que je lui suis très reconnaissant et voilà trois francs pour vous.

La « petite bonne »

Au début du XXe siècle, 1 200 000 domestiques œuvraient en silence dans la France profonde, soit trente pour mille habitants. C'est un fait de société bien oublié aujourd'hui. Pourtant, l'éventail des emplois domestiques était large, depuis les domestiques ruraux (vachers, valets, etc.) jusqu'au personnel des grandes maisons : maîtres d'hôtel ou gouvernantes, sans oublier la « petite bonne à tout faire ». Cette dernière étant certainement la plus mal lotie. Elle devait – comme son nom l'indique – savoir tout faire : la cuisine, la vaisselle, le repassage, le raccommodage, le ménage, le café, surveiller les enfants, faire les commissions et longtemps, aller chercher l'eau à la fontaine car il n'existait souvent qu'un seul point d'eau par immeuble. La bonne est une véritable paria de la domesticité : couchée après ses maîtres, levée avant eux, elle n'a pour elle aucun moment de repos (souvent un seul dimanche par mois, et encore…) et, en plus, elle est le plus souvent très mal logée.

La gardienne d'oies

Cette femme que l'on appelait aussi « oisonnière » faisait souvent partie de la domesticité d'une maison. Outre sa petite troupe d'oies qu'elle promène sur les chemins, elle doit s'occuper de toute la basse-cour : les poules et leurs couvées les canards, les pintades mais aussi – lorsque la maison est assez riche pour s'offrir cette fantaisie – un ou plusieurs paons. Certaines fermes élevaient des dindons et, lorsqu'une personne était chargée de ces seuls volatiles, il s'agissait d'un « dindonnier ». Ça ne s'invente pas !

Il arrivait parfois qu'une malheureuse femme à « l'esprit un peu lent » se trouve protégée par tout un village qui lui donnait ce qu'on appellerait aujourd'hui « un petit boulot » en échange de sa pitance quotidienne. Le petit boulot était, on le devine, le gardiennage des oies de tout le village.

Mais qu'on ne s'y trompe pas : sous une apparente simplicité il s'agit d'un travail relativement délicat lorsqu'on mesure que les oies représentent – en tout cas dans certaines régions – un revenu important. Le duvet est vendu au **plumetier**, et le foie est transformé en foie gras. Il s'agit donc d'assurer la pitance quotidienne de son cheptel en l'amenant dans les endroits propices, de veiller à son ordinaire en proposant aux oisons de savants mélanges de son et d'orties et aux plus vieux des assortiments de graines et d'herbes séchées. Il fallait surveiller les jars, facilement agressifs avec les plus faibles de la basse-cour : pintades, poussins ou canetons. Chasser les agresseurs : fouines, buses et renards et, en même temps surveiller la ponte quotidienne.

[Servante]
Servante du Bessin se préparant à partir pour la traite avec sa cane (grande cruche en cuivre du Pays normand) pour transporter le lait de la traite.

[Gardienn d'oies]
La gardienne d'oies veille aux grains et surveille ce précieux cheptel.

Et il fallait ramasser les œufs. Il y avait ceux que l'on gardait pour la consommation de la ferme et ceux que l'on vendait au **coquassier** (voir ci-après).

Avec le temps, la gardienne d'oies devient prudente : elle apprend « qu'il ne faut pas mettre tous ses œufs dans le même panier » ou que ce n'est pas « la poule qui chante qui a fait l'œuf ». Et, comme elle est discrète, elle respectera ses voisins car « un renard ne visite jamais le poulailler de son voisin »...

Durant l'année elle sera appelée à prendre l'emploi de **plumeuse**. Tuer les volailles n'est pas une affaire de femme, mais on lui laissera le soin de les plumer sur-le-champ.

À l'automne elle se transformera en **plumassière**. Pendant deux mois, les oies vont être soumises à un drôle de traitement : elles vont devoir laisser leurs plumes et leur duvet à des artisans qui vont les transformer.

Le **calamier** va tailler les plus grandes plumes d'oies pour l'écriture. Le **panachier**, lui, va préparer le duvet qui sera installé dans les édredons et les oreillers...

[Marchand d'œufs]

Les marchands d'œufs étaient souvent des personnages extravagants et exubérants. Ils s'affublaient de chapeaux pointus ou de vêtements criards pour être remarqués. Ils remontaient les rues, de porte en porte, en proposant la guérison rapide aux gens atteients de grippe ou de maux d'estomac – grâce à leurs bons œufs. Ils promettaient des enfants blonds aux femmes enceintes qui consommeraient leurs produits…

Le coquassier

Encore appelé **coquetier**.

Le coquetier, dans des temps très anciens, était un marchand ambulant qui proposait de portes en portes des œufs ou des volailles. Interlocuteur privilégié de la gardienne d'oies, il négocie furieusement les prix pour contenter au mieux sa clientèle. Les œufs, en effet, sont considérés dans certaines régions comme un remède universel. Les médecins le prescrivaient dans toutes sortes d'affections courantes : les coliques, la grippe ou les maux d'estomac. Les femmes enceintes, également, étaient encouragées à sur-consommer des œufs : elles pouvaient espérer mettre au monde un enfant en bonne santé et… blond !

La nourrice

Les conseils pour procéder au choix d'une nourrice fleurissent dans les bonnes « encyclopédies du ménage » : « Il faut s'enquérir de son âge et de celui de son enfant ; examiner son aspect extérieur, l'état général de sa santé, l'état de sa glande mammaire (!). Une bonne nourrice a les qualités suivantes : elle ne doit pas avoir moins de vingt ans ni plus de trente, elle sera robuste, d'aspect propre. Peu importe qu'elle soit brune ou blonde… »

On croit rêver, n'est-ce pas ? Encore ne s'agit-il que de quelques lignes de conseils avant le choix définitif. Un livre entier ne permettrait pas d'épuiser ce sujet d'étonnement…

Mais toutes ces précautions étaient naturelles il y a plus d'un siècle, et d'autant mieux acceptées que, une fois en place, la nourrice aura une position tout à fait à part dans la maison, ne serait-ce que par ses gages, considérables pour l'époque : 50 à 80 francs mensuels, logée nourrie bien sûr et très souvent habillée de neuf ! En échange il convient de « lui interdire toute sortie non accompagnée, toute visite hors de la présence d'une personne de confiance… Un bain hebdomadaire est indispensable. »

En 1715, les nourrices qui prenaient un enfant en « état de grossesse » risquaient le fouet (pas moins !) et celles qui prenaient deux nourrissons en même temps en pension, risquaient elles aussi le fouet mais

L'usage de remplacer le lait de la mère par le lait d'une nourrice « mercenaire » remonte à fort loin. Dès 1350, Jean le Bon réglemente, par un édit, l'industrie de « recommanderesse », l'équivalent du bureau de placement pour nourrices. Un seul enfant par nourrice, impose-t-il pour limiter les abus.

[Nourrice]
Le jardin public ou se croisent et se rencontrent les nourrices, accompagnées de leur landau et parfois de plusieurs bambins.

assorti d'une amende de 50 livres. Dès 1756, celles qui négligeaient leur tâche au point de « mettre coucher à côté d'elle, dans le même lit, les nourrissons laissés à leurs soins risquent 100 livres d'amende ! »

S'ouvre alors le bureau des nourrices à Paris qui fonctionne – sans souci de bénéfice – pour « procurer aux mères de famille des nourrices dont la santé, la moralité et la position ont été préalablement constatées et d'assurer en même temps la parfaite intégrité de leurs salaires ».

Il faut attendre la fin du XIXe siècle pour qu'un carnet de nourrice soit délivré – après enquête de la préfecture – avec l'obligation de le tenir à jour. Cette obligation eut pour effet de moraliser un peu la profession. Il existait, en effet, deux sortes de nourrices : les nourrices « sur lieu » et les nourrices « à distance ». Les premières venaient habiter la maison du nouveau-né et restaient sous l'autorité et la vigilance des parents. Leurs gages mensuels étaient de 50 à 80 francs.

Après un an, un an et demi, de « nourriture sur lieu », ces femmes revenaient dotées de vêtements convenables (les familles aisées voulaient absolument que leur domesticité « présente bien » et achetaient leurs vêtements) et surtout munies de quelques économies. Des économies qui n'étaient pas rien puisqu'on affirme – dans certains endroits – que trois ou quatre expéditions mercenaires de ce genre finançaient une maison neuve ! Ces maisons étaient d'ailleurs appelées les « maisons de lait » !

Tandis que les nourrices à distance recevaient les enfants à la campagne, souvent loin des parents. On imagine les abus qui ont pu être commis. La mortalité des enfants ainsi placés était très élevée : 71 % de ceux qui quittaient le foyer dans ces conditions décédaient contre 15 % seulement (si l'on peut dire) pour ceux qui restaient dans leur famille. Encore ces chiffres sont-ils à considérer avec précaution, car ils sont le résultat de recherches privées.

Un grand nombre de ces enfants mouraient en chemin. Les autorités durent contraindre les

« meneurs » (personnes qui amenaient les nouveau-nés chez leur nourrice) à bâcher leur voiture en hiver, trop de nourrissons étant… morts de froid à l'arrivée.

Enfin, il y avait des nourrices à emporter… À « emporter » car elles se présentaient à l'hospice et emmenaient – chez elles, bien sûr – les enfants abandonnés. Elles ne manquaient pas d'ouvrage car ces enfants-là étaient légion. Sous le contrôle de l'Assistance Publique, ces nourrices gardaient ces enfants jusqu'à l'âge de treize ans, moyennant pension naturellement.

La plupart de ces petits déshérités, étaient, à l'âge de treize ans, placés comme domestiques dans des fermes. Toujours sous le contrôle de l'Assistance Publique. De nombreux auteurs se sont emparés de cette « industrie nourricière » souvent avec ostentation, ce qui n'était pas difficile étant donné l'importante mortalité infantile due à des pratiques assez frustres.

Le tétaïre, un métier ahurissant

On ne peut pas vraiment parler d'un métier, disons qu'il s'agit plutôt d'une fonction. L'homme chargé de cette fonction travaille à côté de la nourrice, si l'on peut dire, car il s'agit du « téteur » en titre. Il venait, en effet, mettre en route l'allaitement lorsqu'il y avait un problème. On l'appelait également lorsqu'il y avait un trop-plein de lait, notamment après le décès d'un nourrisson.

En général, son « intervention » se faisait en présence d'une petite assemblée féminine chargée d'empêcher toute confusion entre la tétée de l'enfant et celle (que l'on pourrait qualifier de thérapeutique) du tétaïre. À certains endroits, on enveloppe l'homme d'un grand sac pour éviter tout contact physique. Si la femme est en état, elle se tient debout. Dans tous les cas, le tétaïre est soit un vieillard, soit un « simplet » que l'on chasse avec quelque monnaie sitôt sa besogne terminée.

[Nourrice]
Aux Champs-Élysées, la promenade des bébés.

STES
5c
REPUBLIQUE FRANCAISE

DU FLÉAU À LA BATTEUSE

En 1908, dans une modeste école d'un petit village du Bas-Quercy, un jeune écolier rendit à son instituteur la composition française suivante :

« L'automne a remplacé l'été. Les rayons du soleil sont moins chauds ; les feuilles des arbres commencent à jaunir et à tomber ; la terre va être bientôt nue. C'est l'époque des semailles.

Le laboureur part de grand matin par les champs, poussant devant lui ses deux bœufs qui conduisent la charrue. Arrivé au champ, il jette à pleine main le blé qu'il confie à la terre. Puis il lui faut labourer cette terre tantôt durcie par la chaleur implacable, tantôt transformée en un véritable marais par de récentes pluies. Ensuite, il hersera.

Le laboureur se fatigue beaucoup pour faire ses semailles, et il a hâte de se coucher quand il est de retour à la ferme. Que d'inquiétudes en outre, d'ici à ce qu'il soit assuré d'avoir une bonne récolte ! Mais aussi, sa joie est grande lorsque l'époque de la moisson est arrivée et qu'il remplit son grenier de froment. Toute sa peine lui paraît alors légère.

L'écolier peut être comparé au laboureur. À la rentrée des classes, il reprend ses études, son travail, qui lui aussi exige des efforts et cause des fatigues : ce seront là ses semailles.

Il fera la moisson à la fin de l'année scolaire : cette moisson, ce sera la satisfaction d'avoir acquis une bonne instruction et une bonne éducation ; ce seront les félicitations du maître et de ses parents, les prix obtenus, les deux mois de vacances enfin, pendant lesquels il courra la campagne et emplira ses poumons d'un air vivifiant.

Voilà de quoi oublier les fatigues de toute une année. »

PAGE DE GAUCHE
[Fauchage]
Un faucheur en train d'aiguiser sa faux.

[Labourage]
Labourage d'un champ. Ce n'est qu'au XIe *siècle que la culture attelée avec collier d'épaule, bricole et disposition en ligne des animaux de trait se généralisa.*

[Labourage]
Ce sont les femmes qui, pendant la Première Guerre mondiale, ont assuré les travaux des champs.

Dans sa spontanéité un peu naïve, ce devoir d'écolier nous dépeint les différents moments d'une année de travail agricole tel qu'il la voyait au début du XXe siècle. Il n'oubliait ni la peine, ni la fatigue – non plus que les soucis – du laboureur jusqu'au moment de sa récolte.

Si une tradition fut défendue dans le monde paysan, c'est celle du travail. Dans la société rurale du début du siècle, le paysan ne songeait qu'à son travail. C'est vrai pour le maître qui met sa fierté dans sa propriété bien tenue, c'est vrai aussi pour le domestique qui n'a pas besoin d'ordre pour s'occuper.

Ces gestes ancestraux connurent une révolution au début du XXe siècle. Le paysan a une image de défenseur des traditions. Les pieds dans la terre (qui ne ment pas), il est censé assurer le maintien des gestes d'antan. Voilà une idée fausse qu'il convient peut-être de combattre. Aucune corporation, au début du XXe siècle, n'innova autant que les agriculteurs. Nous aurons l'occasion d'en reparler avec l'engouement suscité par les nouvelles machines : batteuses, locomobiles, faucheuses, etc.

Les semailles

Nos régions tempérées se sont toujours prêtées à la culture du blé. Le climat tempéré, la nature des terrains font que le blé est la céréale panifiable la plus généralement cultivée. Ce ne fut pas le cas à toutes les époques : sous le nom de blé on désignait souvent, dans le sud de la France, le seigle. Certains termes tombés en désuétude méritent d'être rappelés : le blé cornu désignait l'ergot de seigle, le blé de Guinée était le sorgho, le blé de Turquie le maïs.

La préparation du terrain est importante pour préparer un bon semis. Le temps est loin où l'agriculteur labourait ses terres avec une pelle en bois simplement « ferrée », c'est-à-dire munie d'une simple lame de fer.

Labour et semailles sont des travaux qui se passent dans le calme des journées d'hiver ou de printemps suivant la catégorie de céréales : il y a des blés d'automne ou d'hiver et des blés de printemps.

Jusque dans les années 1950, on a encore fauché à la main. Le « semis à la volée », c'est-à-dire

réalisé à la main, avait ses défenseurs par rapport au semis en ligne qui était mécanique. Pourtant, les semis à la volée exigeaient 250 à 300 litres de semences par hectare contre 100 à 150 avec les machines.

Les céréales d'automne exigent souvent des hersages ou même un roulage au printemps pour raffermir le sol malmené par les gelées. Dans tous les cas, un « échardonnage », c'est-à-dire l'enlèvement des chardons, se fera à la main encore longtemps.

Les moissons

Les moissons se pratiquent à la faux, ou même à la faucille, jusqu'à l'arrivée des moissonneuses mécaniques.

Les moissonneuses mécaniques ne sont guère entrées dans la pratique courante en France que vers 1852. Elles connurent une expansion remarquable : 8 900 moissonneuses mécaniques en 1862, 16 500 en 1882 et plus de 20 000 dans les années 1890…

D'un côté, la scie animée d'un mouvement de va-et-vient coupe les tiges qui tombent sur un tablier horizontal. Des râteaux, au-dessus du tablier, rabattent les gerbes pour en faire une botte qui tombe sur le sol lorsque sa grosseur est suffisante.

De l'autre côté, le moissonneur, de son siège qui fait équilibre à la scie et au tablier, peut régler à sa convenance la hauteur de la taille et la grosseur de la botte. Il conduit un ou deux chevaux, parfois des bœufs. Paire de chevaux ou paire de bœufs permettent – suivant leur nombre – d'évaluer la prospérité d'une propriété.

[Semailles]
Dans certaines régions, les semailles se faisaient encore à la main à la fin des années cinquante. Tout le monde y participait : hommes, femmes et enfants.

CI-CONTRE
[Moissons]
Après les moissons, la charrette rentre la paille à la ferme. Elle servira de litière aux animaux.

PAGES SUIVA NTES
[Faucheur]
Groupe de faucheurs en Beauce.

REPUBLIQUE FRANÇAISE
5c
POSTES
1792. EN BEA

CE — Les Faucheurs

[Battage]
Pour le battage des blés, les batteuses, actionnées par une locomobile à vapeur, ont avantageusement remplacé le fléau.

Le battage au fléau reste dans les souvenirs comme un moment de labeur écrasant. C'étaient huit ou dix jours pleins passés à manier le lourd fléau sur l'aire au soleil. Certains conteurs rappellent comment, même dans ces moments si pénibles, les journaliers engagés pour prêter main-forte trouvaient le moyen de s'amuser en simulant une dispute avec une grosse botte de paille. Courts moments de répit, lorsque les batteurs prenaient un peu d'avance sur leur travail qui n'avait pas le droit de traîner pour cause de risque de mauvais temps.

Le battage

Vient le moment du battage, pratiqué au fléau jusqu'aux environs de 1880, quand arrivèrent les batteuses mécaniques actionnées par une machine à vapeur.

Vers 1890, apparurent les premières batteuses actionnées par une locomobile à vapeur, plus tard par le moteur d'un tracteur.

À la fin du siècle, la batteuse et sa locomobile faisaient le tour des principales fermes. Un nouveau métier apparut qui fit concurrence aux maréchaux-ferrants : les mécaniciens. Ils installaient la machine à vapeur et la batteuse sur un même niveau pour que la courroie les reliant ne saute pas. Ils vérifiaient le tas de bois préparé pour la chaudière, grosse gourmande de bûches. Le matin, ils étaient les premiers au travail pour mettre en route la machine. Peu à peu, la ferme se remplissait de gens…

Toute la journée, deux hommes coupent les liens des gerbes, d'autres les hissent sur la machine où l'*égréneur* les pousse sous les dents qui tournent à toute vitesse. Les hommes les plus forts amènent les sacs de grains vers les greniers. Même les plus âgés ne veulent pas rater leur participation à cette journée commune : ils s'activent à balayer les pailles qui sont projetées un peu partout. Les plus jeunes portent à boire, car machine ou fléau, le battage se fait toujours par beau temps.

Le soir, lorsque tout le grain est rentré, on laisse la machine s'assoupir. Les mécaniciens vont l'emmener chez un autre agriculteur que l'on ira aider demain. Pour le moment, les fermiers qui reçoivent ont à cœur de régaler leurs hôtes avec leurs meilleurs produits : la garbure, les produits du tue-cochon, le vin des coteaux proches…

Dans les travaux les plus exigeants, l'agriculteur trouve le prétexte de faire la fête. Il est humain qu'on abuse parfois un peu du vin, qu'on chante… Il arrive même qu'on danse et certains, un peu gris, ne retrouvent leur chemin qu'au petit matin…

PAGES SUIVANTES
[La presse]
La presse à paille en pleine action.

[Battage] *Des fermes alentour, de nombreux batteurs sont venus prêter main-forte. Les fermiers qui reçoivent aujourd'hui rendront l'aide demain.*

[La tonte] *Le moment de la tonte est arrivé.*
[Bergers] *Bergers préparant l'omelette de Pâques.*

Les bergers

Disparu le métier de berger ? Allons donc ! Il y a quelques années, des cadres de banque, des ingénieurs diplômés de grandes écoles, des enseignants, toutes sortes de citadins ont quitté leurs bureaux, leurs usines, leurs villes pour s'exiler dans les campagnes ou les montagnes. « Ils retournent à la terre », affirment-ils, et prennent le titre de berger sans mesurer la grandeur et la difficulté du métier, en s'entourant de quelques brebis sur quelques arpents de terre.

L'exemple vient, paraît-il, de fort loin. Autrefois, princes et princesses ne dédaignaient pas de prendre cet état qu'ils jugeaient « innocent et heureux ». Marie-Antoinette, elle-même reine de France…

Berger, ce n'est pas un métier, mais dix, vingt métiers, peut-être beaucoup plus. Il ne suffit pas de faire paître ses brebis paisiblement, il faut aussi leur assurer l'eau, les soins à la manière d'un vétérinaire. Il est nécessaire de les protéger contre les prédateurs : les loups, les ours, les chiens errants, et les… voleurs. Les brebis doivent être rassurées par leur maître lorsqu'elles mettent bas. Par tous les temps, il faut leur garantir un chemin praticable, et, en hiver, leur distribuer avec justice la nourriture qu'elles ne peuvent pas toujours trouver toutes seules.

Le berger doit avoir l'œil exercé : comment déceler dans un troupeau de plusieurs centaines de bêtes celle qui s'est blessée ? Comment l'isoler pour la soigner ?

Quand vient le grand moment de la tonte, il faut s'organiser pour que les animaux soient dociles sans être effrayés. N'appelait-on pas autrefois les bergers : « gouverneurs de bêtes à laine » ? Gouverneur… Tout un programme.

[Bergers]
Les bergers landais filaient la laine tout en gardant leurs moutons, et il arrivait qu'une brebis fatiguée ait aussi besoin d'être portée.

[Berger] *Berger et son troupeau de chèvres.*
[Laine] *Cardage de la laine.*

Durant ses longues gardes, le berger ne reste jamais inactif. Voici celui qui file ou même tricote dans les Landes. Celui qui tresse des cordes dans les Pyrénées ou des bordures de chapeau dans le Quercy. Presque tous connaissent les plantes médicinales, les choisissent, les ramassent pour les revendre aux apothicaires ou en faire des tisanes afin de soigner de nombreuses affections, se forgeant ainsi parfois de solides réputations de sorciers.

L'image du pâtre jouant de son flûtiau n'est pas tout à fait désuète, même si les gens de cette corporation en sourient quelquefois, qui fait passer ses membres pour de doux innocents. Les brebis – dans le temps – avaient la réputation d'aimer la musique et de mieux prospérer lorsque leurs maîtres jouaient d'un instrument avec art.

Comment parler du berger sans dire un mot de son chien ? C'est bien connu : il n'y a pas de bon berger sans bon chien. Il y a le chien de défense, le fameux berger des Pyrénées capable de tenir tête aux ours, même les plus mal léchés.

Mais le vrai chien de conduite n'est pas forcément un chien de grande race. Il doit avant tout posséder un tempérament de berger et, surtout, une grande résistance : sa tâche est épuisante ! C'est pour cela qu'ils vont souvent par deux : un se repose pendant que l'autre travaille. En général, ils ont subi un long apprentissage et savent « pincer » les brebis récalcitrantes sans les mordre.

Le travail du berger n'est jamais monotone, il possède au contraire des périodes d'activité intense : la « lutte » pendant laquelle les béliers doivent protéger leurs nombreuses concubines – ne doivent-ils pas en honorer jusqu'à cinquante en un mois et demi ? Puis l'agnelage, période très courte où l'homme surveille sans intervenir. Au printemps vient la tonte, suivie du marquage.

[Marchande]
Une marchande de fromages.

[Marchand]
Un marchand de caillé et de fromages.

[Marché]
Le marché au lait de Cauterets.

Et puis, il y a la traite et la fabrication du fromage. Les variétés de fromages de brebis sont fort nombreuses et souvent fabriquées sur les pâturages, comme les tomes « brebis des Pyrénées » ou les « cabécous » quercinois.

Les Romains (encore eux !), sans être des maîtres dans l'art de faire du fromage, savaient l'apprécier et en connaissaient les vertus. La ration quotidienne du légionnaire romain en campagne comprenait, outre 800 grammes de blé, 180 grammes de viande et un demi-litre de vin, 27 grammes de fromage, le tout agrémenté d'un peu de sel.

Lorsque les moines succédèrent aux soldats dans l'administration des provinces, ils continuèrent la fabrication du fromage, ce qui explique – peut-être – la quantité de fromages à nom monastique.

Dans le Sud-Ouest où brebis et vaches sont élevées en quantités à peu près égales, il est normal que nous trouvions une assez grande variété de fromages. De nombreux bergers maîtrisent bien les différentes opérations de fabrication, de la plus simple, le caillage, aux plus élaborées – égouttage, moulage, salage et affinage.

Le lait et ses dérivés ne sont pas les seules productions des bergeries. La laine occupe une place particulière, car d'un rapport plus recherché par les petits propriétaires. Elle est utilisée (après lavage et cardage, deux opérations réalisées par des spécialistes ambulants dont on a un peu perdu la trace) pour fabriquer les matelas et quelques vêtements…

PAGE CI-CONTRE

[Chevrier] *Les chevriers des Pyrénées parcouraient de longues distances, jusqu'à Paris parfois, pour proposer le bon lait de leurs chèvres…*

[Lait d'ânesse] *Parfois, le berger va lui-même vendre sa production sur le marché. Il y rencontre une drôle de concurrence : depuis les marchandes de lait de vache jusqu'à son confrère le chevrier. Il pourra même croiser un marchand de lait d'ânesse qui livre à domicile…*

C. C. 1002. — Les Pyrénées. - Chevrier.

Types Méridionaux
Phototypie Labouche Frères, Toulouse.
10. - Le Marchand de Lait d'Anesses

PHOT.
A B & Cie
NANCY

QUELQUES FIGURES

Est-il possible de recenser tous les métiers, toutes les activités qui ont disparu ou se sont tellement transformés que les gestes les plus élémentaires se sont perdus ? Certainement pas, et ceux qui s'intéressent à ce domaine ne sont pas au bout de leurs peines…

Certains de ces travaux étaient si humbles – et parfois si pénibles – que notre mémoire collective semble ne plus avoir de place pour eux.

Regardez ces porteurs de glace (ci-contre). Leur tâche harassante les nourrissait, mais aujourd'hui plus personne n'oserait user de tels rafraîchissements… La petite histoire raconte que – déjà au Moyen Âge – les châtelains disposaient de glaçons pour rafraîchir leurs boissons. Le procédé était simple et je vais essayer de vous le décrire sans vous en garantir l'authenticité ni les résultats.

Dans les parcs des châteaux, il existe toujours un endroit où les arbres, plus touffus qu'ailleurs, gardent mieux la fraîcheur qu'un autre endroit plus exposé au soleil. À cet endroit précisément, un grand trou était creusé. Pendant l'hiver, les domestiques « cueillaient » la glace qui se formait au pied des sources ou dans les puits et la stockaient dans ce trou qu'ils recouvraient ensuite de paille. Ainsi isolée, la glace se conservait jusqu'au plus fort de l'été et les châtelains qui utilisaient ce procédé disposaient de glaçons permettant d'avoir des boissons fraîches tout le long de la saison chaude.

Dans les Pyrénées, des hommes aussi intrépides que robustes montaient vers les sommets pour enlever quelques blocs de glaces qu'ils ramenaient vite pour la vendre aux buveurs exigeants et aux touristes.

[Porteur] *Porteurs de glace dans les Pyrénées.*
PAGE DE GAUCHE [Facteur] *Facteur landais en tournée.*

La lessive

Les gens bien installés voient arriver à leur domicile divers ouvriers qui viennent pour certaines tâches bien déterminées. Il y a par exemple la **blanchisseuse**, que nous avons déjà rencontrée. Elle arrive avec sa brouette pour emmener des monceaux de linge à la rivière ou au lavoir.

Avec un peu de chance elle disposera du plan incliné d'un lavoir (qui sera couvert si la municipalité du lieu est attentive à ses travailleuses précaires) mais le plus souvent elle sera tributaire d'une simple planche qui plonge dans l'eau froide de la rivière. La nuit venue il faudra ramener le linge trois fois plus lourd puisque gorgé d'eau.

Parfois, plus simplement, pour faire bouillir sur place la grosse lessiveuse installée au fond du jardin.

[Blanchisseuse]
À défaut d'avoir un lavoir à proximité, c'était la rivière locale, et même en plein centre-ville, qui accueillait la lessive collective.

[Repasseuse]
Dans les grandes maisons qui ont du personnel de services viendra la repasseuse que toute bonne maison reçoit une ou deux fois par semaine car les bonnes des familles sérieuses ne font pas le repassage.

Dans tous les cas, il faudra attendre pour utiliser du savon, en attendant, on jette dans l'eau chaude quelques pincées de cendres.

Le linge nettoyé sera étendu, lorsque le temps est beau, sur l'herbe des près voisins. L'herbe, le soleil et le grand air ayant parait-il le don de s'associer pour donner aux draps un blanc lumineux. D'où l'expression « blancheur grand près ».

Heureusement, les trousseaux de mariages de l'époque contenaient un grand nombre de draps et de chemises, ce qui permettait de tenir longtemps et de réduire la fréquence des lessives à deux par an.

Dans les grandes maisons qui ont du personnel de services viendra la **repasseuse** que toute bonne maison reçoit une ou deux fois par semaine car les bonnes des familles sérieuses ne font pas le repassage.

Le tueur de cochons

Une ferme bien tenue qui cherche à au moins équilibrer son budget sans forcement courir derrière la fortune qu'elle ne rattrapera jamais élève trois cochons :

-le premier sera vendu à l'âge adulte. L'argent ira payer les impôt s;

- le deuxième sera lui aussi vendu et l'argent servira à racheter les trois prochains porcelets et, si bénéfice il y a, à amener un peu d'aisance dans la ferme ; des tabliers neufs, par exemple, pour les enfants qui doivent maintenant aller à l'écol e;

- le troisième cochon finira sur la table familiale !

On ne le sait pas assez mais les cochons vivent dans une sorte d'insouciance d'où la méfiance et la vigilance sont bannies. Quelle erreur ! Le troisième cochon aurait dû ouvrir l'œil et se méfier lorsqu'il a vu partir ses deux compères élevés comme lui dans la même soue. Car, ses compagnons d'auge partis, voilà que la fermière le nourrit comme un hôte de marque.

À heures fixes, aussi régulièrement que ses maîtres, il reçoit des soupes consistantes, cuites (mais oui !) dans la cheminée dans une marmite dédiée à lui seul. Plus besoin d'aller se fatiguer le groin pour gratter le sol à la recherche d'une poignée de glands. Traité de cette manière, il a acquis les rondeurs que – s'il n'eût été cochon – on aurait volontiers qualifiées de sénateurs.

Un soir, il reçoit la visite de la fermière accompagnée de son mari et d'un inconnu à l'allure inquiétante. Cet homme lui tripote le corps entier mais ses gestes ne sont pas vraiment des caresses. Et quand il a tout bien examiné : le ventre, les jarrets, l'œil, et même la denture, il se relève en riant. « Allons, il est à point. Demain nous allons pouvoir lui faire sa fête. » Les trois humains rient de bon cœur et s'en vont en fermant soigneusement la porte basse de la soue.

Le lendemain, le « tue-cochon » commence tôt le matin en compagnie du boucher. Les voisins sont là : des amis sûrs qui viennent donner la main et auxquels le fermier et la fermière donneront un

[Tueur de cochon]
Lou tüouaille dou porc comme ils disaient dans les Landes.

[Bouilleur]
Bouilleurs ambulants.

coup de main lorsqu'ils en auront besoin. Et les occasions de rendre ce service ne manquent pas : il y aura peut-être un tue-cochon chez eux, avant longtemps, ou un repas de fête ou bien ce sera pour la fenaison ou le dépiquage.

Tout est prêt : la fermière, la fermière qui s'est levée très tôt levée a mis sur le feu une énorme marmite d'eau qui commence à chauffer.

Réveillé en sursaut, le pitoyable cochon est attrapé, enlevé, attaché sur une planche et le boucher commence son travail. Les autres animaux de la ferme vont l'entendre hurler encore quelques minutes, mais aucun ne viendra à son secours. Seules les oies vont caqueter un peu et le cheval – s'il y en a un – va donner quelques coups de sabots. C'est inutile car déjà la fermière verse sur sa dépouille le contenu du chaudron : les poils de l'animal ébouillanté vont s'arracher avec facilité.

Le reste de la journée va se passer dans la fébrilité d'une tâche urgente à terminer avant le soir : avec le sang recueilli et quelques pièces de viande, les femmes vont faire du boudin. Pour la saucisse elles coupent dans la chair maigre, hachent les morceaux pour les pâtés.

Le tueur de cochons va reprendre sa route, laissant dans l'imaginaire collectif une forte empreinte, car le jour du « tue-cochon » a toujours été considéré comme un jour de fête, malgré la lourde tâche du moment.

Le bouilleur ambulant

Regardez bien, sur la photo, cette machine : elle a parcouru les routes de Gascogne depuis des dizaines d'années. Elle a arrêté sa course dans un musée car la distillation est devenue une affaire de producteurs. Il n'y a guère que dans les régions de production d'eau-de-vie comme l'Armagnac que la distillation est réalisée par un bouilleur aussi bien équipé. Le plus souvent, l'équipement est extrêmement rustique : un simple serpentin de cuivre que l'on branche sur une marmite au couvercle préalablement percé.

Pourquoi se compliquer la vie puisque la distillation est généralement réalisée à des fins domestiques ? Chaque ferme avait son « ratafia » qui faisait sa fierté. Et il ne s'agissait pas seulement de l'eau-de-vie de raisin ; on distillait aussi poires, pêches, prunes et même cerises…

Si personne n'hésitait à offrir au visiteur une petite « goutte », l'eau-de-vie était aussi utilisée pour la cuisine et pour certaines potions médicamenteuses… Lesquelles ? Je serais bien en peine de vous le dire, mais retrouver ces vieilles recettes nous rendrait peut-être un grand service, à nous qui faisons la fortune des laboratoires pharmaceutiques fabricants de médicaments…

Le jougtier

Il est, paraît-il, de bon goût d'utiliser aujourd'hui les jougs que l'on découvre dans le désordre de quelque grange abandonnée comme luminaires suspendus aux fausses poutres en plastique des pavillons citadins. Pourtant, il y a encore peu, une bonne paire de bœufs et un joug de bonne qualité étaient dans une ferme l'équivalent d'un tracteur. C'est dire l'attention et le soin apportés à la fabrication d'un joug et l'intérêt de s'adresser à un jougtier compétent.

Le jougtier travaille « sur mesure », c'est-à-dire qu'il se déplace dans la ferme où il y a une nouvelle paire de bœufs à atteler. L'arbre qui va être utilisé a généralement été coupé durant l'hiver précédent. Les agriculteurs prévoyants ont anticipé l'événement de quelques années et laissé tremper un billot dans l'eau vive afin qu'il durcisse. Le billot mesure en général 1,20 mètre, mais la longueur peut varier en fonction de la largeur des chemins ou de la corpulence des bêtes à atteler. L'artisan va mesurer soigneusement le moule de la tête et fera avancer son travail au fil des essayages. Il ne peut se permettre de rendre un travail approximatif : sa réputation serait vite détruite sur les champs de foire où les paysans lui passent commande.

Un joug de qualité demande une journée de travail et il coûte 1 ou 2 francs seulement, gîte et couvert en sus !

[Jougtier]
1. *Le jougtier attaque à la hache la pièce de bois : c'est le « dégrossissage ».*
2. *Le joug commence à prendre sa forme définitive.*
3. *Il reste encore au jougtier à percer et mettre en place les chevilles où viendront s'attacher les cornes (documents Claude Fagé).*

Si la plupart des jougs sont destinés au travail, quelques-uns servent à mettre en valeur les bêtes de trois ans que l'on amène sur les foirails, pour la vente. Ces jougs, commandés plus pour l'amour-propre du propriétaire que par l'intérêt, sont souvent de petits chefs-d'œuvre très décorés. Ils vont demander plusieurs jours de travail alors qu'ils ne serviront qu'une fois.

[Jougtier]
Un jougtier du Cantal pose fièrement devant son atelier (coll. Archives départementales du Cantal).

[Crieur public]
Deux types de crieurs publics : l'un avec un clairon, l'autre le tambour !

L'écrivain public

Ce sont les Égyptiens qui codifièrent les premiers le métier de scribe. On retrouve dans les tombeaux la palette du scribe avec ses deux godets : l'un pour l'encre noire, l'autre pour l'encre rouge.

Chez les Romains, la fonction de scribe était confiée à des esclaves spécialisés.

Au VIe siècle, le métier de scribe devint le monopole des religieux. Un moine rédigea même un traité, *De orthographies,* destiné à ses frères qui partageaient leurs journées entre la prière, les travaux des champs et la copie. Mais bientôt, les supérieurs de monastères s'inquiétèrent plus de la compétence des cuisiniers que de celle des scribes (c'est Pétrarque qui l'affirme) et la copie entra en décadence jusqu'à la généralisation de l'imprimerie.

C'est ainsi que les écrivains publics, les enlumineurs et les libraires jugèrent utile de se réunir en une seule corporation placée sous le patronage de saint Jean...

La profession d'écrivain public se perpétua jusqu'au milieu du XIXe siècle et commença à disparaître pour cause... d'instruction obligatoire. Cependant, il subsistera longtemps une tranche de population illettrée qui aura recours à l'écrivain public pour sa correspondance ordinaire, qu'elle soit familiale ou administrative.

Le crieur public

Les crieurs publics étaient chargés de « crier » les informations intéressant les villages ou les quartiers en divers endroits, généralement des croisements de rues d'où ils pouvaient être entendus par un maximum de gens. Les messages criés étaient extrêmement divers :

« Monsieur Dulong, chiffonnier, vous fait dire qu'il sera dimanche prochain toute la journée sur la place de l'église : il achète tout à un bon prix – ou vous l'échange contre de magnifiques lots de vaisselle ! »

« Monsieur Magne, étameur, sera parmi nous la semaine prochaine à sa place habituelle... Vous le connaissez depuis longtemps : ce n'est pas un voleur... Et, avec du vieux, il fait du neuf ! »

Au début de la guerre de 14-18, les crieurs publics furent écoutés avec plus d'attention que d'habitude. En effet, ils avaient pour mission de crier à tous les carrefours le « communiqué » du soir qui donnait le compte rendu officiel de la journée sur le front. Chaque famille ou presque avait un proche au front. Le crieur était donc attendu et écouté dans le recueillement car, malgré la censure très vive, le public pouvait savoir si la partie du front où se trouvait son soldat avait ou non subi une attaque, c'est-à-dire s'il y avait eu des risques ou non.

Plusieurs anciens m'ont raconté que, dans leurs villages ou leurs petites villes, les gens impatients venaient attendre le crieur dès sa sortie de la mairie. Ce que voyant, le crieur ne fit plus sa tournée et se contenta de lire une seule fois le communiqué quotidien.

[Demoiselle du téléphone]

La demoiselle du téléphone

Breveté en 1875, le téléphone de Bell connut dès l'origine une extension remarquable, puisqu'en 1879 26 000 téléphones sont en service aux États-Unis.

En France, l'administration procéda d'abord à des essais avant de céder des concessions d'exploitation à plusieurs sociétés. Ces sociétés se montrèrent sans doute trop timorées ou trop désordonnées aux yeux de l'État qui reprit les choses en main et construisit en 1892 le premier central : le Central Wagram qui desservait 3 000 abonnés. L'année d'après, le Central Gutenberg en desservait deux fois plus.

Avec le développement des centraux, un nouveau personnage était né : « la demoiselle du téléphone ».

Un magazine de l'époque affirme que « l'abonné parisien aime à faire un brin de causerie avec sa téléphoniste », laissant supposer que le travail dans un central était une sorte de sinécure puisqu'on y trouvait le temps de causer. Rien de plus faux : rapidement, le travail gagne une réputation de dureté et il est fatigant pour les nerfs. Mais… c'est un métier relativement bien payé : 1 000 francs par mois, auxquels s'ajoutent 200 francs de frais de séjour. On comprend donc que le concours soit fort recherché : en 1898, il y eut 600 candidates pour 200 places.

La demoiselle du téléphone est l'exemple même de la Belle Époque, qui fut à la fois futile et dure, et n'est devenue « belle » que pour ceux qui ne l'ont pas connue.

[Marchand] *Marchands de poissons dans les rues de Toulouse.*

Le petit trottin

Trottin, c'est le nom donné à la jeune personne, souvent la plus jeune employée, qui est chargée de faire les courses dans un commerce ou dans un atelier. En somme, l'ancêtre de nos « coursiers », mais sans le cyclomoteur.

Pourquoi elle spécialement ? Mais parce qu'elle est trop jolie pour qu'on l'oublie... L'expéditeur de la carte ne s'y est pas trompé, qui a noté dans un coin : « Gentille, hein ? », au cas où son correspondant soit trop benêt pour ne pas s'en apercevoir.

La marchande des quatre saisons

Le marchand de poisson, avec sa baladeuse, et la marchande des quatre saisons résisteraient-ils aujourd'hui à la concurrence que représente l'attrait des grandes surfaces ? La question ne se pose pas : compte tenu du trafic automobile, ils ne pourraient même pas circuler. Pourtant, eux aussi vivaient au cœur de la cité, et ils créaient ce « lien social » dont on parle tant de nos jours.

Le fontainier

C'est surtout dans les régions du Sud que l'on entend parler de lui. L'eau y est parfois rare et le fontainier, qui est responsable de sa distribution, est un homme important qui doit être traité avec respect.

Il est également, un technicien de haut niveau car il doit garantir la mise en place et l'entretien de toutes les fontaines ainsi que des « bornes fontaines ». N'oublions pas que, plusieurs fois par jour, les ménagères viennent y remplir leur cruche ou leur seau pour la cuisine, la vaisselle, la toilette ou la lessive.

En été, le fontainier s'assure que les animaux, sauvages ou domestiques, ne viennent pas troubler la limpidité de l'eau.

En hiver, il va « emmailloter » les bornes afin de les protéger du gel. Protection illusoire, souvent insuffisante et les lendemains de grand gel nous trouvons notre semainier occupé à faire brûler les housses de paille, qu'il a posées un peu plus tôt, afin de dégeler les tuyauteries souvent en terre cuite.

[Petit trottin]
Elle est passée par ici. Elle repassera par là.
Le petit trottin est toujours en vadrouille.

[Marchande des quatre saisons]
Herbes, salades, oignons !

[Fontainier]
Un métier qui exige un haut niveau de technicité.

[Projectionniste]
Le café d'Éauze et le projectionniste. Un cafetier avisé a eu l'idée d'installer un projecteur à la fenêtre de sa salle à manger. Le soir venu, il « fait du cinéma » sur un drap tendu au milieu de la place, devant un public qui ne demande qu'à être ravi.

[Télégraphiste]
Autre métier lié au développement des techniques, le télégraphiste, qui porte les dépêches télégraphiques. La loi du 2 mai 1837, punissait d'un emprisonnement de un mois à un an quiconque transmettait sans autorisation des signaux d'un lieu à un autre. En général, tous les bureaux de poste possèdent, à de rares exceptions près, un bureau télégraphique.

Le pianiste, l'accessoiriste et le projectionniste de cinéma

Le 22 mars 1985, Louis Lumière projetait à la Société d'encouragement pour l'industrie nationale le premier film jamais réalisé : *La Sortie des ouvriers de l'usine Lumière*. Le 28 décembre de la même année, une première séance payante était donnée dans le sous-sol du Grand Café, boulevard des Capucins à Paris. À 1 franc la place, les frères Lumière trouvèrent vite le moyen de gagner de belles sommes puisque, dans cette salle qui ne contenait que cent personnes, on faisait jusqu'à vingt-cinq projections à la suite (il faut dire que la projection durait 37 minutes exactement).

Bientôt, la province voulut connaître la photographie animée. Pendant plusieurs années, le cinématographe ne fut qu'un divertissement forain. Les salles aménagées n'existaient pas encore et les films étaient projetés dans des salles exiguës et inconfortables, dans des baraques foraines et même en plein air, aux terrasses des cafés.

Les films étaient muets. Aussi, à côté du projectionniste, un accompagnateur s'installait dans un coin et, sur un vieux piano, improvisait quelques mélodies qu'il tentait d'accorder au caractère de la projection.

Derrière l'écran, un accessoiriste attentif essayait d'accompagner l'action : il agitait une sonnette quand un personnage tirait le cordon d'une porte, aboyait si un chien traversait le champ et soufflait dans une trompe pour annoncer l'arrivée d'une automobile. Il devait savoir imiter bien d'autres bruits : la tempête, le vent, les scènes de ménage (en cassant de la vaisselle sur le sol, par exemple), le galop d'un cheval…

Le facteur

Disparus les facteurs ? Heureusement non, même s'ils ont changé de nom aujourd'hui. Et c'est heureux : est-ce qu'on se rend compte que chaque maison de France reçoit quotidiennement leur visite ?

Dans les Postes, la notion de service est aussi vieille que cette administration. Pour ne négliger personne, même dans les endroits les plus isolés, les facteurs des Landes n'hésitaient pas à chausser leurs échasses.

Ils ont peut-être l'air un peu hautains en distribuant les lettres, mais n'y a-t-il pas de quoi ?

L'imprimeur-typographe et parfois député !

__1.__ Cet imprimeur travaille sur une casse posée sur son pupitre. La casse est une grande boîte plate à compartiments, dans lesquels les caractères en plomb sont disposés de manière pratique. Le « haut de casse » comprend 60 compartiments avec les lettres majuscules ou « capitales ». Le « bas-de-casse » comprend 54 compartiments avec les minuscules et les signes de ponctuation. La disposition a été étudiée pour que les lettres dont l'emploi est le plus fréquent soient le plus directement accessibles.

__2.__ Les lignes, laborieusement composées une à une, finissent par composer le texte à imprimer et sont assemblées en forme. La forme est posée sur une surface lisse, parfaitement plane : le marbre. Quelques ajustements sont parfois nécessaires pour que les caractères soient dans un alignement parfait, d'où l'emploi d'une petite pince pour peaufiner le travail.

__3.__ La composeuse linotype a multiplié les capacités de composition par cinq.

Avec votre permission, nous allons terminer en faisant un petit clin d'œil à notre éditeur et son imprimeur. Il ne s'agit pas d'un métier disparu ou en voie de disparition – et pour cause –, mais les progrès dans le domaine de l'imprimerie ont été tellement rapides dans ces trente dernières années, que l'Art admirable (comme était désignée l'imprimerie au Moyen Âge) s'oublie au profit des machines informatisées.

Et pourtant, lorsqu'en 1440, à Mayence, Jean Gensfleisch, dit Gutenberg, imagina d'utiliser ses connaissances d'orfèvre et de graveur pour réaliser des caractères métalliques, il ne se doutait pas du service qu'il rendait à l'humanité.

Poser ensemble des caractères mobiles n'aurait été que peu de chose si cette idée géniale n'avait été suivie – par le même Gutenberg – d'une découverte fondamentale : la presse. Sur un « marbre » (une plaque lisse réalisée en général en marbre), on place la « forme » (les caractères assemblés en texte) solidement liée.

La forme une fois posée, il suffit de l'encrer, de poser le papier dessus et de le presser fortement sous une « platine », autre surface plane. Le papier, serré entre la platine et le marbre, reçoit l'encre et devient la page imprimée.

Copiée sur le pressoir du vigneron, la presse fut peu à peu perfectionnée : elle s'équipa d'un rouleau encreur, puis sa longueur doubla, on put ainsi imprimer à la fois un recto et un verso. Plus tard, les presses en bois furent remplacées par des presses en métal, des contrepoids allégèrent le travail et de 300 pages par jour, on passa à 3 000 environ. Tout cela à bras d'homme jusqu'au XIXe siècle.

Ce travail a été considérablement amélioré avec l'apparition en 1884 de la **composeuse linotype**. Un système astucieux permet au linotypiste de composer une matrice et de couler une ligne en une seule opération assez proche de la frappe d'une machine à écrire. Un procédé cinq fois plus rapide que la composition manuelle, puisqu'on arrive à produire 5 000 à 7 000 caractères à l'heure.

En même temps, les presses s'amélioraient : la machine à platine s'automatisa jusqu'à l'apparition des machines à cylindres.

La photographie vint encore bouleverser l'imprimerie. L'offset (qui fut, paraît-il, inventé par hasard) améliora encore le métier. Nous sommes maintenant bien loin des casses originales, aujourd'hui bradées à des décorateurs qui en ornent… des cuisines.

Dans les années 1890-1910, il y eut, grâce à l'école obligatoire, une énorme demande de lecture. Tous ceux qui pensaient avoir quelque chose à dire publièrent leur propre journal dont ils assuraient eux-même la rédaction, la composition, l'imprimerie et la distribution. Certains de ces journaux d'opinions très diverses (parfois extrêmement violents) connurent un vrai succès et leurs propriétaires – estimés pour leurs convictions – purent se présenter à la députation et y faire carrière.

Coulon-Delong « Petite Matelotte », éditeur au Crotoy

Le Crotoy — Type de Marchande de Journaux

AU REVOIR ET À BIENTÔT

Conclure est toujours un moment difficile : c'est l'instant où on se sépare avec, peut-être, le sentiment que tout n'a pas été dit. Et pour cause ! Comment tout dire sur un sujet aussi vaste ? N'ai-je pas été trop optimiste en espérant saisir les gestes ou les attitudes de quelques-uns de nos aïeux ? Pourtant, je ne suis pas le seul à tenter de retrouver les aspects de la vie d'autrefois : je n'en veux pour preuve que le nombre croissant de visiteurs attentifs qui viennent retrouver, dans de nombreux musées régionaux, la trace des gestes et des outils d'autrefois.

Gestes simples comme celui de ce semeur qui sème « à la volée » ou de ce cloutier qui donne vingt coups de marteau pour obtenir un malheureux clou à ferrer les chevaux ; outils que l'on ne peut pas toujours qualifier de simples tant ils sont rudimentaires, comme ce fer à lingot de la lisseuse ou le paroir du sabotier.

Le même outil, d'ailleurs, est utilisé dans trente-six métiers : la hache, par exemple, est quasiment universelle. Tout au plus en façonne-t-on parfois le manche de manière différente suivant l'usage que l'on veut en faire.

Les outils, les tours de main sont une chose, mais a-t-on pensé aux conditions de travail de cette époque que l'on appelle la Belle Époque ? Le mineur à plat ventre dans sa galerie trop basse, sans protection ? L'ambulant, exposé au mauvais temps comme aux grosses chaleurs ? La lavandière, à genoux, les mains dans l'eau trop souvent glacée ?

Cette belle époque, ne l'oublions pas, a vu des famines. Elle a vu des milliers de familles partir pour de nouveaux mondes avec l'espoir que leurs enfants pourraient y manger en souffrant moins.

Cependant, nos anciens nous ont légué un monde en bien meilleur état que parfois on essaye de nous le faire croire. Mais quel prix ont-ils payé ? Je ne parle pas du prix du sang si facilement versé lors de la Grande Guerre, cette guerre qui vit naître un monde nouveau. Je parle de ceux qui travaillaient dès l'enfance, dix ou douze heures par jour, pour quelques sous. De ceux qui marquaient les sillons de leur sueur. Des petits, des sans-grade qui eurent à cœur d'apprendre leur métier et d'y rechercher la perfection dans la pratique. Je parle de ces parents illettrés pour lesquels l'école obligatoire sonna l'heure d'un superbe espoir à placer dans les générations à venir.

Bien sûr, en quelques pages, ce modeste ouvrage n'a pas la prétention de présenter tous les métiers effacés par le progrès ou ayant tellement évolué qu'ils sont aujourd'hui méconnaissables. Ce n'est qu'un jalon, une esquisse. Mais qui sait ? Et si un jour nous avions besoin d'y revenir, pas simplement parce que nous serions dans la gêne, mais simplement pour retrouver nos propres racines en reprenant les gestes de base ?

Depuis quelques années, j'ai l'impression que mes voisins de palier ou mes collègues de bureau n'éprouvent plus le besoin de partir en safari africain ni de faire d'autres voyages intercontinentaux. Ils passent leurs congés dans un gîte rural, ils campent à la ferme ou parcourent les chemins de randonnées. C'est vrai : une sorte de sérénité semble s'emparer de nos amis citadins : ils se régalent à la fête des moissons, du battage, des vendanges. Même s'ils ne sont pas dupes, sachant que ces fêtes locales sont souvent le prétexte pour les retenir, eux, les touristes. Justement ! Comment ne pas être un touriste au pays de nos pères ?

Auprès d'artisans, leurs mains reconquièrent le manche du maillet, la poignée du ciseau, la patine des objets mille fois utilisés qui s'ajustent parfaitement aux doigts. Et l'on se pose la question : si ce retour aux choses simples du passé était le meilleur remède contre le stress des temps modernes, contre la solitude des grandes villes, contre l'anonymat de l'homme seul dans la foule ?

Le livre des anciens s'ouvre tout seul : à côté des cathédrales ou d'autres édifices majestueux, c'est l'arche d'un pont sur un petit ruisseau, une voûte de briques dans une simple grange, ou bien quelques marches taillées dans le rocher pour faciliter la montée d'un chemin. Plus modestes, mais bien présents, voici l'initiale d'un tailleur de pierre, une date sur un linteau de porte ou une sculpture sur un coin de mur.

« Honorons ceux qui nous ont précédés », entend-on dire parfois. Il y a sans aucun doute quelque chose à creuser de côté-là.

BIBLIOGRAPHIE

Ouvrage collectif. *Le téléphone à la Belle Époque*. Éditions Librio-Sciences, 1976.

AMBERT (Paul), BIGET (Jean-Louis). *Le Tarn. Mémoire de l'eau, mémoire des hommes*. Éditions Belle Page, Toulouse.

BERTHELOT, DEREMBOURG (sous la direction de). Société des gens de lettres. *La Grande Encyclopédie. Inventaire raisonné des Sciences, Lettres et des Arts*. Louraul et Cie, éditeur, 1890 et suiv.

BARBERET (Jean). *La Bohème du travail*. Éditions Hetzel, 1890.

BERNARD (Christian), CAVAGNAC (Guy) (sous la direction de). *Le Lot*. Éditions Privat, 1990.

BOUTET (Gérard). *Les Forestiers : vieux métiers des Tailles et des Futaies*. J.-C. Godefroy, 1994.

BOUTET (Gérard). *Du puits à la rivière*. Éditions J.-C. Godefroy. 1997.

BRISEBARRE (Anne-Marie). *Le Berger*. Éditions Berger-Levrault, 1980.

CABELLO (Marie-Claire) et CHAUVELLE (Nicole). *Les Fleuves du monde*. Séguier, 1991.

CARATINI (Roger) (sous la direction de). *Encyclopédie. 19-20. Techniques et métiers*. Bordas, 1975.

CASSIAT (Louis). *Germinal en Rouergue*. Bougaux, Gages (12630), 1987.

Centre culturel de l'abbaye de Flaran. *L'Homme et la route*. Comité Départemental du Tourisme, 1982.

CHABAS (David). *Les Landes autrefois*. Éditions Horvath, 1989

DEJEAN (Max et Denise). *Vieux métiers et pratiques oubliés en Ariège*. Éditions Horvath, 1990.

DEJEAN (Max et Denise). *L'Ariège autrefois*. Éditions Horvath.

HARMELLE (Claude), ELIAS (Gabrielle). *Les Piqués de l'aigle*. Éditions Recherches (en coédition avec l'association Orélie et la Société des amis du vieux Saint-Antonin), 1982.

GRANIER (Régis). *Le Tarn-et-Garonne autrefois*. Éditions Horvath, 1991

GRANIER (Régis). *Le Gers autrefois*. Éditions Horvath, 1993

GUYAU (Luc). *La terre, les paysages et notre alimentation*. Le Cherche Midi, 1998.

LABARTHE (Jean). *Salies et son sel*. Association des amis du vieux Salies.

LARTIGAUT (Jean) (sous la direction de). *Histoire du Quercy*. Éditions Privat, 1993.

MAZAURIC (Claude) et DARTIGUES (Jacques). *Ladrecht*. Éditions Sociales Messidor, 1982.

Ministère de l'Environnement. *L'Arbre, ses métiers, ses artisans*. Ministère de l'Agriculture, Paris, 1980.

PERRIN DE GRANPRE. *De l'agriculture française et des causes de sa misère*. Guillaumin, Toulouse, 1865.

Planches et Commentaires de l'Encyclopédie Diderot et d'Alembert. Hachette. 1985.

RATONNAT (Jean-François). *La Vie d'autrefois dans les Landes*. Éditions Sud Ouest, 1994.

RENAUD (Yves) et GUITTON (Thérèse). *700 métiers selon vos goûts*. Stock, 1975.

SOL (Eugène), chanoine. *Le Vieux Quercy, usages anciens*. Imprimerie A. Coueslant, 1947.

SOL (Eugène), chanoine. *Le vieux Quercy, traditions et coutumes*. Etudes historiques sur le Quercy. Bibliothèque de la maison des œuvres, Cahors, 1969.

TOUJAS (René). *Routes commerciales à travers le Montagne Noire au milieu du XVII*[e] *siècle*. René Toujas Editeur, 1952.

VAUDOUR (Catherine), HERMANN (Brigitte). *Le Maréchal-ferrant*. Éditions Berger-Levrault, 1979

INDEX DES MÉTIERS

LES MUSÉES QUI NOUS ONT OUVERT LEURS PORTES

Musée paysan de Niaux. Arts, ethnologie et traditions populaires d'Ariège. 09400 Niaux.
Tél. : 05 61 05 88 36.

Moulin fortifié de Cougnaguet. 46350 Calès. Tél. : 05 65 32 63 09.

Musée Calbet. Arts et traditions populaires. 82170 Grisolles. Tél. : 05 63 02 83 06.

Musée de Plein Air du Quercy. Cuzals. 46330 Sauliac-sur-Célé. Tél. : 05 82 11 04 46.

Dans un autre domaine, **le moulin à huile de Noix** continue à fonctionner et reçoit le public.
Les Landes. 46600 Martel. Tél. : 05 65 37 40 69 (La Table du Moulin), 09 67 83 40 69 (Le moulin).

Table des matières

Imprimé en France par
CPI Bussière
en décembre 2023
N° d'impression : 2075352